本书系教育部人文社会科学研究基金项目"西部地区中小学校长胜任力模型构建与验证——以云南为例"（20XJA880008）

云南省哲学社会科学教育科学规划项目"基于大样本调查的云南中小学校长胜任力模型研究"（AC19009）

云南省"万名校长培训计划"项目科研课题重点项目"基于胜任力的云南省中小学校长培训体系研究"（2020WMXZ04）结项成果

云南师范大学教育学一流学科建设成果

中小学校长胜任力模型构建及应用研究

Research on the Construction and Application of the Competence Model of Primary and Secondary School Principals

浦丽娟　著

中国社会科学出版社

图书在版编目（CIP）数据

中小学校长胜任力模型构建及应用研究 / 浦丽娟著.
北京：中国社会科学出版社，2024.10. -- ISBN 978-7-5227-3943-4

Ⅰ．G637.1

中国国家版本馆CIP数据核字第2024G4F432号

出 版 人	赵剑英
责任编辑	耿晓明
责任校对	季　静
责任印制	李寡寡

出　　版	中国社会科学出版社
社　　址	北京鼓楼西大街甲158号
邮　　编	100720
网　　址	http://www.csspw.cn
发 行 部	010-84083685
门 市 部	010-84029450
经　　销	新华书店及其他书店
印　　刷	北京明恒达印务有限公司
装　　订	廊坊市广阳区广增装订厂
版　　次	2024年10月第1版
印　　次	2024年10月第1次印刷
开　　本	710×1000　1/16
印　　张	14
插　　页	2
字　　数	208千字
定　　价	79.00元

凡购买中国社会科学出版社图书，如有质量问题请与本社营销中心联系调换
电话：010-84083683
版权所有　侵权必究

目录 contents

第一章 绪论 ·· (1)
  第一节 问题的提出 ·· (1)
  第二节 研究目的与研究意义 ································ (6)
  第三节 文献综述 ·· (9)
  第四节 核心概念与理论基础 ································ (50)
  第五节 研究内容与研究方法 ································ (58)

第二章 中小学校长胜任力要素研究 ···························· (62)
  第一节 基于文献挖掘的中小学校长胜任力要素 ················ (62)
  第二节 基于元分析的中小学校长胜任力模型要素 ·············· (67)
  第三节 中小学校长胜任力要素的提取与界定 ·················· (80)

第三章 中小学校长胜任力假设模型的构建 ······················ (85)
  第一节 基于360度反馈的研究设计 ·························· (86)
  第二节 研究结果与讨论 ···································· (87)

第四章 中小学校长胜任力模型的修正与构建 ···················· (99)
  第一节 基于大样本实证的研究设计 ·························· (99)
  第二节 研究结果与讨论 ···································· (102)

第五章　中小学校长胜任力模型的验证 (119)
第一节　基于效标导向的研究设计 (119)
第二节　研究结果与讨论 (121)

第六章　云南省中小学校长胜任力现状调查与分析 (134)
第一节　基于自评的中小学校长胜任力现状调查与分析 (134)
第二节　基于他评的中小学校长胜任力现状调查与分析 (143)
第三节　调查结果综合分析 (156)

第七章　中小学校长胜任力的提升策略 (163)
第一节　管理优化赋权：中小学校长胜任力提升的体制保障 (163)
第二节　专业持续增能：中小学校长胜任力提升的个体驱动 (165)
第三节　学校特色文化：中小学校长胜任力提升的激励路径 (167)
第四节　社会资源整合：中小学校长胜任力提升的外部支持 (169)

第八章　结论与展望 (171)
第一节　研究结论与创新之处 (171)
第二节　研究反思与展望 (176)

附　录 (181)

附录A　中小学校长胜任力调查问卷 (181)

附录B　中小学校长胜任力调查量表 (186)

附录C　中小学校长工作状况调查问卷 (189)

附录D　中小学校长评价表 (191)

附录E　中小学校长胜任力自评量表 (192)

附录 F 中小学校长胜任力现状调查问卷 ………………………（195）

参考文献 ……………………………………………………………（197）

后　记 ………………………………………………………………（214）

第一章

绪　　论

第一节　问题的提出

百年大计，教育为本，强国必先强教。高质量发展是新时代教育事业发展的重要特点和发展目标。我国基础教育，需要在基本实现教育现代化的基础上，从教育的高速发展转向高质量发展，实现基础教育的"再出发"①。中小学校长作为一所学校的灵魂，肩负着新时代基础教育高质量发展的时代使命，具有良好胜任力的中小学校长是实现基础教育高质量发展的关键要素。云南基础教育的发展状况和水平在一定程度上代表着西部绝大部分地区的发展状况和水平。如何实施好对西部地区具有示范作用的云南省"万名校长培训计划"项目，从过去为实现单一的行为目标而教，转为获得并应用达标或卓越的绩效所需的胜任力而教，构建一个客观、准确的中小学校长胜任力模型成为亟待研究的重要课题。

一　新时代需要高质量的基础教育

新时代高质量发展时代背景下，基础教育进入新的发展阶段，即从高速增长阶段转向高质量发展阶段。随着2017年"高质量发展"成为国家经济发展方略，教育领域也将此视为新坐标并谋求步调一致。

---

① 本刊编辑部：《基础教育高质量发展的时代使命》，《人民教育》2020年第20期。

2017年12月教育部在《义务教育学校管理标准》中提出"全面提高义务教育质量，促进教育公平，加快教育现代化"①；2019年"坚持高质量发展，提高基础教育质量"成为教育部当年的工作要点；2019年《中共中央国务院关于深化教育教学改革全面提高义务教育质量的意见》强调"树立科学的教育质量观"是坚持立德树人的基本要求；2020年《中华人民共和国国民经济和社会发展第十四个五年（2021—2025年）规划和2035年远景目标》中"构建高质量的教育体系"决策的提出正式将我国教育改革领向新征程；2020年《深化新时代教育评价改革总体方案》中强调"促进义务教育优质均衡发展"是改革学校评价的根本任务之一；《2021年国务院政府工作报告》提及"发展更加公平更高质量的教育"；《教育部2022年工作要点》提出"加快教育高质量发展，推进教育现代化、建设教育强国、办好人民满意的教育"是2022年教育工作的总体要求之一；2022年全国教育工作会议强调"加快教育高质量发展"，"巩固发展更加公平而有质量的基础教育"；2022年《新时代基础教育强师计划》指出"着力构建优质均衡的基本公共教育服务体系，推动教育高质量发展"；党的二十大报告进一步强调"加快建设高质量教育体系，发展素质教育，促进教育公平"。

综上，我国实现经济高质量发展的基础在教育、关键在人才，没有高质量的基础教育，难以培养出社会发展所需的高素质人才。教育的本质是培养人的教育实践活动，高质量教育的本质应是培养更高素质的人的教育实践活动。基础教育作为人才成长的一个重要、基础、核心阶段，肩负教育高质量发展的时代使命。

二 中小学校长肩负基础教育高质量发展的时代使命

在基础教育高质量发展方向指引下，激发中小学校办学活力是基础教育高质量发展的重要途径。学校是教育的基本单位，只有充分激发广大校

---

① 《教育部关于印发〈义务教育学校管理标准〉的通知》（教基〔2017〕9号）。

长教书育人的积极性,形成师生才智充分展现、学校活力竞相迸发的良好局面,才能更好地推动基础教育质量提升。中小学校长在基础教育中具有独特的引领作用,中小学校长作为一所学校的灵魂,肩负着新时代基础教育高质量发展的时代使命。有什么样的校长,就有什么样的学校,著名教育家苏霍姆林斯基和陶行知都认为:一个好校长就是一所好学校。

《国家中长期教育改革和发展规划纲要(2010—2020年)》在"加强组织领导"一章中指出:"加强学校领导班子和领导干部队伍建设,不断提高思想政治素质和办学治校能力。加大学校领导干部培养培训和交流任职力度";2018年《中共中央国务院关于全面深化新时代教师队伍建设改革的意见》提出:"加强中小学校长队伍建设,努力造就一支政治过硬、品德高尚、业务精湛、治校有方的校长队伍";2019年《中共中央国务院关于深化教育教学改革全面提高义务教育质量的意见》强调"校长是学校提高教育质量的第一责任人";2022年1月中共中央办公厅《关于建立中小学校党组织领导的校长负责制的意见(试行)》指出:"校长在学校党组织领导下,依法依规行使职权,按照学校党组织有关决议,全面负责学校的教育教学和行政管理等工作";2022年《新时代基础教育强师计划》提出"实施新周期名师名校长领航计划,培养造就一批引领教育改革发展、辐射带动区域教师素质能力提升的教育家""发挥优秀教师、校长的辐射带动作用,扩大优质资源覆盖面,整体提升学校育人能力"等具体措施。

可见,校长是学校的关键要素,是学校内生力量的源泉。校长通过自己的工作,使学校师生、各部门,乃至整个学校,产生积极的成果。在知识经济时代,决定学校质量的就是校长,校长对学校或师生的执行的行动和决策,直接影响到学校运行的有效性,促进学校教育。① 因此,实现基础教育高质量发展,校长是关键,以教育质量和公平为核心的新时代,呼唤和需要大批优秀中小学校长,人民群众期盼为每所学校配备

---

① [美]彼得·德鲁克:《卓有成效的管理者》,许是祥译,机械工业出版社2009年版,第3—23页。

优秀校长。

三 胜任力理论为中小学校长管理提供新的视角和途径

胜任力理论及胜任力模型是当代心理学、教育学和人力资源管理等学科领域的研究热点之一，其兴起与发展为研究中小学校长胜任力提供了新的方法和视角，① 也为中小学校长人力资源的研究提供了有价值的借鉴和启示②，是现代人力资源管理的新基点。1973 年，胜任力概念由美国哈佛大学的大卫·麦克勒兰德（David C. McClelland）教授首次提出③，在随后的研究中其内涵不断获得丰富和发展。胜任力模型是组织机构人力资源管理的基础，能够为工作分析、选拔、考核、培训和激励等活动提供有力支持。它基于对人员进行全面的、从外显特征到内隐特征综合评价的胜任力分析，有效针对岗位要求鉴别人员各层次的胜任力，特别是深层次的、内隐特征的胜任力分析。胜任力模型是 21 世纪一个极其重要的工作发展体系，胜任力模型已迅速成为 21 世纪工作发展、评价和业绩管理的标准。

将胜任力理论移植到我国中小学校长开展胜任特征研究仅有十多年的历史，虽研究者们针对特定区域的中小学，运用行为事件访谈法（BEI）或关键事件访谈法（STAR）、焦点团体访谈法、360 度深度访谈法、问卷调查法、文本分析法等实证研究方法开展中小学校长胜任力模型研究是国内中小学校长胜任力研究的重点方向，但开展中小学校长胜任力模型实证研究的文献、调查样本数量有限，对相关测评量表的开发研究较少，对中小学校长胜任力要素的部分核心概念也缺乏深入持久的内涵思考和辨析，造成了对中小学校长胜任力模型要素概念的不统一。

新时代高质量发展背景下，加强中小学校长队伍建设，努力造就一支"政治过硬、品德高尚、业务精湛、治校有方"的校长队伍，培养造就基

---

① 林天伦、陈思：《我国中小学校长胜任力研究述评》，《教育科学研究》2012 年第 6 期。
② 王清平、谢亚萍：《我国中小学校长胜任特征研究述评》，《教育导刊》2019 年第 6 期。
③ McClelland D. C., "Testing for Competence rather than for 'Intelligence'", *Journal of American Psychologist*, Vol. 28, No. 1, 1973, pp. 1–14.

础教育领域的教育家,是新时代基础教育强师计划的核心内容。因此,胜任力模型提供了一种新的人力资源管理方法,它改变了传统测验方法在职业选拔中的应用方式,胜任力模型扩大了校长传统工作分析结果的范围,它清楚地描绘了对组织有独特作用的校长胜任力特征。

四 开展"云南"个案研究的重任和意义

由于历史沿革、地理环境、经济发展等多方面的原因,西部地区的中小学校长在领导意识、领导能力等方面与东部地区存在一定差异,云南基础教育的发展状况和水平一定程度上代表着西部大部分地区的发展状况和水平。理想中的云南中小学校长是什么样的?他(她)需要扮演什么样的角色?一位优秀校长是如何成长起来的?这些都是需要不断反复思考和不断探究的问题,但目前对这些问题的研究还非常缺乏。

2021年12月《云南省"十四五"教育事业发展规划》提出:"到2025年基本建成教育高质量发展体系,各级各类教育实现更高水平普及、更高质量发展","主要教育指标达到或高于全国平均水平,在西部地区居领先地位","全面推进校长职级制改革,突出和体现校长职业化、专业化特质。加大校长培训力度,培养具有云南特色的教育家型校长"。为推进教育家办学,全面贯彻党的教育方针,建立符合基础教育学校特点和校长成长规律的培养、选拔、使用机制,促进全省基础教育学校校长专业化发展,建设一支高素质专业化创新型基础教育校长队伍,根据《云南教育现代化2035》《加快推进云南教育现代化实施方案》(云发〔2019〕19号)的要求,省教育厅、省委组织部、省财政厅、省人力资源社会保障厅联合印发了《云南省教育厅等四部门关于基础教育学校校长职级制改革工作的实施意见》(云教发〔2020〕99号)。

校长作为中小学的核心教育资源,加强中小学校长培训,已经成为世界各国的共识。近年来,我国相继出台了《教育部关于印发〈义务教育学校校长专业标准〉的通知》(教师〔2013〕3号)、《教育部关于进一步加强中小学校长培训工作的意见》(教师〔2013〕11号)、《教育部办公厅关于印发〈乡村校园长"三段式"培训指南〉等四个文件的通知》(教师厅〔2017〕7

号）等文件。为贯彻落实中央及教育部的有关文件精神，地处西部的中共云南省委、云南省人民政府出台了《关于深化新时代中小学教师队伍建设改革的实施意见》（云发〔2018〕21号），提出从2018—2022年实施云南省"万名校长培训计划"项目。2022年《新时代基础教育强师计划》提出，"聚焦基础教育课程改革的理念、要求和教育教学方法变革，以中西部欠发达地区农村教师校长培训为重点，充分发挥名师名校长辐射带动作用"。

2021年，我国共有义务教育阶段学校20.72万所，普通高中1.46万所。2022年3月，云南省教育厅发布的《云南省2021/2022学年初全省教育事业发展统计公报》显示：云南省共有小学10533所、初中1692所、普通高中616所。在全国31个省、自治区、直辖市中，云南省义务教育阶段的学校约占全国的6%、普通高中约占4%。由此可见，云南教育向高质量迈进之路尚漫长，云南中小学校长任重道远。

综上，实现基础教育高质量发展，校长是关键，以教育质量和公平为核心的新时代，呼唤和需要大批优秀中小学校长。对于西部地区的典型代表性省份——云南，如何实施好对西部地区具有示范作用的云南省"万名校长培训计划"项目，从过去为实现单一的行为目标而教，转为获得并应用达标或卓越的绩效所需的胜任力而教，精准实现培训目标；对云南实施的基础教育学校校长职级制改革工作，如何建立符合基础教育学校特点和校长成长规律的培养、选拔、使用机制提供理论参考，促进全省基础教育学校校长的专业化发展，构建一个具有理论参考价值和实践指导价值的云南省中小学校长胜任力模型成为亟待研究的重要课题之一。

第二节　研究目的与研究意义

一　研究目的

借鉴胜任力理论，依托云南省"万名校长培训计划"项目，以参加云南省"万名校长培训计划"项目培训的学员及云南省各州（市）教育体育局管理干部、中小学校长、副校长、中层管理者等各类人员为研究对象，采用质性和量化研究的混合范式，通过文献分析、比较研究、元分析、问卷调查、量化统计分析等，运用360度反馈法、大样本调查，分析提炼出中小学校长这一特定任务角色所需要具备的胜任特征，构建并验证中小学校长胜任力模型。在此基础上，开发研制中小学校长胜任力测评量表，对当前云南省中小学校长的胜任力现状进行调查和分析研究，并提出有针对性的中小学校长胜任力提升策略。为新时代中小学校长招聘、选拔、培训、评价、考核等提供科学参考依据。

二 研究意义

（一）理论意义

1. 丰富我国中小学校长胜任力模型的理论基础

本书在进行实证调查之前，主要采用文献分析、元分析方法，深入、多角度地梳理和归纳了国内外中小学校长胜任力研究的相关文献资料和实践成果。系统开展了中小学校长胜任力模型学术论文的计量学分析研究，对文献的研究主题、年度分布、机构分布、作者分布及研究方法等进行文献计量统计分析，通过量化文献数据，揭示国内中小学校长胜任力模型研究的发展现状、发展趋势及存在问题；通过文献挖掘，对我国中学校长、小学校长和中小学校长胜任力模型实证研究成果进行梳理、辨析、总结和评述，分析提炼出中小学校长胜任力结构要素；基于实证研究文献样本，运用元分析方法，从理论上构建我国中小学校长胜任力卓越模型、基准模型、通用模型。为后续实证研究奠定了扎实的理论基础。

2. 构建一个具有理论参考和实践指导价值的中小学校长胜任力模型

胜任力模型是人力资源管理体系建设的基石。① "胜任力"的概念在国外已经应用了三十多年，而在国内才短短的十几年，随着经济的发展和人力资源管理的改革，胜任力已经成为各国学术界和企业界研究不可否认的

---

① 刘维良：《校长胜任力研究与应用》，重庆大学出版社2014年版，第41页。

热点。但是，胜任力模型的研究在我国尚处于起步阶段，还未进入广泛的应用阶段，特别是将其运用到教育系统的研究还相对较少。本书以云南省中小学校长为考察对象，通过对中小学校长的胜任力进行大样本调查和分析，精准揭示影响云南省中小学校长工作绩效的关键能力要素，构建新时代云南省中小学校长胜任力模型，为高质量教育发展阶段校长人力资源管理提供新思路和科学参考依据。

（二）实践意义

1. 为了解中小学校长胜任力水平现状提供测评和分析的工具

本书更加关注中小学校长胜任力的测量与应用研究。以往有关校长胜任力的研究，更多止步于胜任力模型的构建，本书致力于探索中小学校长胜任力的测评量表开发研究，开展了四轮预测试和三轮大样本测试，不断检验量表的信度和效度，严谨、规范地进行数据统计、量化、模型检验，开发出一套相对科学的中小学校长胜任力测评量表。在此基础上，对中小学校长的现有胜任力水平进行调查和分析研究，提出具有针对性和指导性的中小学校长胜任力提升对策和建议。

2. 构建的胜任力模型可为中小学校长培训提供科学指导

本书构建的胜任力模型可为中小学校长培训提供理论基础及指导。提炼中小学校长胜任特征、构建胜任力模型是对其进行应用的第一步，胜任力模型是一种理论框架，其本身并不能发挥独立作用，只有将胜任力模型融入中小学校长队伍的人力资源管理实践中去，胜任力的价值才能体现。当前我国中小学校长培训缺少针对性和实用性，忽视了校长的主体需要和校长的自身发展。① 本书以云南省中小学校长为考察对象，开展校长胜任力的大样本调查，通过量化统计分析，建立中小学校长胜任力模型，这不仅可以为中小学校长自身胜任力的提升提供标准，还可为构建一个完整的可行的基于胜任力的中小学校长培训体系提供理论基础及指导，可用于指导云南省"万名校长培训计划"项目的有效实施。从而促进校长专业化的

---

① 代蕊华：《中小学校长培训变革 40 年：创新发展模式·彰显中国特色》，《中小学管理》2018 年第 12 期。

持续发展和个人能力的提高,促使我国校长人力资源管理从基于岗位的传统模式向基于胜任力的人力资源管理模式转变,为我国中小学校长胜任力模型研究和实践应用提供参考。

第三节 文献综述

一 胜任力的相关研究

(一) 胜任力的由来和发展

"胜任力"在管理领域的研究与应用可追溯到20世纪20年代泰勒(Taylor)的"时间—动作研究"(Time and Motion Study)①。1911年,"科学管理之父"泰勒通过动作分析人的活动,识别工作对能力的要求和能力差异,最早开始对胜任力进行研究,当时被称为"管理胜任特征运动"(Management Competencies Movement),被人们普遍认为是胜任特征研究的开端。② 他通过"时间—动作研究",将复杂的工作拆分为一系列简单的步骤,来识别不同工作活动对能力的要求。胜任特征往往指那些可直接观察的动作技能或体力因素(Physical Factor),如灵活性、力量、持久性等。泰勒的这一思想的影响极为深远,当今盛行的工作分析方法在很大程度上就是"时间—动作分析"的延续。③ 他认为,完全可以按照物理学原理对管理进行科学研究,他所进行的"时间—动作研究"就是对胜任力进行的分析和探索。④ 但是,当时关于胜任特征并没有明确的定义。⑤

胜任力(competence)的概念是由美国心理学家麦克勒兰德首先提出的。麦克勒兰德对于胜任力的研究做出了开创性的贡献。20世纪70年代

---

① Taylor, Frederick W., *Shop Management*, New York: Harper, 1911.
② 张东娇:《基于胜任特征的校长遴选与培训体系》,《教育研究》2007年第1期。
③ 牛端:《高校教师胜任特征模型研究》,中山大学出版社2009年版,第36页。
④ 黄勋敬:《赢在胜任力:基于胜任力的新型人力资源管理体系》,北京邮电大学出版社2007年版,第7页。
⑤ 张东娇:《基于胜任特征的校长遴选与培训体系》,《教育研究》2007年第1期。

初,美国感到以智力因素为基础选拔外交官的效果不理想,许多智力出众的人,在实际工作中的表现却令人失望。麦克勒兰德受邀帮助美国国务院设计一种能够有效预测实际工作业绩的人员选拔方法。在项目研究过程中,麦克勒兰德主张抛弃传统形式的评估,重新寻找其他能够预测成功并且不存在偏差的变量,应用了奠定胜任力特征方法基础的一些关键性理论和技术,抛弃对人才条件的预设前提,采用行为事件访谈法收集第一手材料,研究影响外交官工作绩效的因素,通过一系列总结与分析,得出作为一名杰出的外交官与一般胜任者在具体行为特征的差异,识别出能真正区分工作业绩的个人条件。[1]

1973年,麦克勒兰德发表一篇题为《测量胜任特征而不是智力》[2]的文章,麦克勒兰德批评当时美国普遍应用智力测验、性向测验和学术测验来预测工作绩效,并以此作为选拔考核标准的状况。[3] 他认为,单凭学术能力倾向测验以及以知识为内容的测验并不能预测工作中的高绩效和在生活中取得成功,而一些个人特征和胜任力可以鉴别高绩效者。他在文中指出,那些在工作中取得优秀业绩者之所以卓尔不群,不是因为学习能力,而是因为具有自我约束、主动性、人际沟通、团队协作等若干胜任力。[4] 他提出了"胜任力"这个概念,胜任力是与生活各方面结果联系着的绩效的组成部分,是指能够区分在特定的工作岗位和组织环境中不同绩效水平的个人特征,胜任力是一系列广泛的特性,只要与成功有关的心理或行为特征都可以看作是胜任力。[5] 他指出应该以"胜任力"作为选拔考核的标准。麦克勒兰德的研究深深影响了美国心理学界和社会公众的观念,掀起了对胜任力研究的热潮。麦克勒兰德与人合作成立了麦克伯公司(McBer & Company),是世界著名管理

---

[1] 林立杰:《高校教师胜任力研究与应用》,中国物资出版社2010年版,第8页。
[2] McClelland D. C.,"Testing for Competence rather than for 'Intelligence'", *Journal of American Psychologist*, Vol. 28, No. 1, 1973, pp. 1–14.
[3] 黄勋敬:《赢在胜任力:基于胜任力的新型人力资源管理体系》,北京邮电大学出版社2007年版,第8页。
[4] 林立杰:《高校教师胜任力研究与应用》,中国物资出版社2010年版,第8—9页。
[5] 李德方:《做一个胜任的校长:高职院校校长胜任力研究》,知识产权出版社2015年版,第42—46页。

咨询公司合益集团（Hay Group）的一部分，是美国提供胜任特征建模服务的资深管理咨询公司，在商业运作中取得了巨大成功。

此后，胜任力评鉴风靡整个企业界，其影响延伸和扩展到各行各业，包括人类服务工作、教育、培训和专业技术领域等。随着基于胜任特征的研究的深入，以胜任力来鉴别高绩效者和优秀员工的方法逐渐在西方人力资源管理领域流行起来，并在美国、英国、加拿大、日本等发达国家企业人力资源管理中开始被广泛使用，逐渐发展成为目标明确的开发性活动。经过20年来的商业运作使得该方法已经形成了一个全球范围的胜任特征模型数据库和通用胜任特征辞典。20世纪80年代中期，麦克伯公司（McBer & Company）和合益集团（Hay Group）合并，成为Hay/McBer公司。1996版分级素质词典是世界范围内迄今为止经透彻研究后最好的胜任力素质词典。它集Hay/McBer公司二十多年素质研究之精华，在世界范围内的上乘、杰出者身上得到过验证，其有效性经历过多种经验式素质模式的不断确认。

20世纪90年代以来，胜任力研究的出发点已经从关注个人绩效发展到关注组织绩效的提高，大多数的胜任力研究者都在强调优秀绩效员工的胜任力，有研究者提出，未来的胜任力研究，不仅针对个体或组织的胜任力，还研究网络化的综合模式，它不仅能识别和发展个体和组织的胜任力，还把个人胜任力和组织胜任力结合起来，研究二者内在的规律和一致性。在人力资源管理实践中，企业需要建立高层管理者、部门管理者和员工之间的网络化胜任力结构模型，这就要求在进行胜任力研究的过程中，辨别组织或企业的核心胜任力，并结合其战略目标和组织文化来开拓胜任力的研究方向。①

（二）胜任力的定义

胜任力来自拉丁语Competence，美国胜任力概念的术语是"competency"和"competencies"，英国胜任力概念的术语是"competence"和"competences"，但并无本质性区别②，国内将其翻译为"胜任力""胜任特

---

① 黄勋敬：《赢在胜任力：基于胜任力的新型人力资源管理体系》，北京邮电大学出版社2007年版，第8页。
② Derek E., *Competences for School managers*, London：Kogan Page, 1993, pp.18-51.

征"等。以下是在各类文献中所出现的"胜任特征"的定义:

(1) 与工作或工作绩效或生活中其他重要成果直接相似或相联系的知识、技能、能力、特质或动机。①

(2) 胜任力是学习者在预期成果表现的程度上所展现出的知识、技能、情意上的行为或判断力。②

(3) 胜任力是指足以完成主要工作结果的一连串知识、技能与能力。③

(4) 它可能是动机、特质、技能、自我形象、社会角色或他所使用的知识实体等。④

(5) 胜任力是一个人从事某项工作时,为能有效进行该项工作所需具备的知识、技能与态度。其中,知识意味着对于某一件事、某一个人或者某事之进行具有信息、知道、了解、熟悉与有经验等的状态;技能则指的是有效利用个人知识的能力;态度指的是一种面对某个情境时个人的心灵与感情的表达方式。⑤

(6) 胜任力是有能力且愿意运用知识、技巧来执行工作的要求。⑥

(7) 与有效的或出色的工作绩效相关的个人潜在的特征,包括五个层面:知识、技能、自我概念、特质和动机。⑦

---

① McClelland D. C., "Testing for Competence rather than for 'Intelligence'", *Journal of American Psychologist*, Vol. 28, No. 1, 1973, pp. 1 – 14.

② Evert Welch W., "Managements Role in Inventory Control", *Production & Inventory Management Journal*, Vol. 20, No. 4, 1979, pp. 85 – 96.

③ McLagan P. A., "Competency Model", *Training & Development Journal*, Vol. 34, No. 12, 1980, pp. 22 – 26.

④ Boyatzis R. E., *The Competent Manager: A Model for Effective Performance*, New York: John Wiley and Sons, 1982, pp. Ⅶ – Ⅷ.

⑤ King D. N., "The Contribution of Hospital Library Information Services to Clinical Care: A Study in Eight Hospitals", *Bulletin of Medical Library Association*, Vol. 75, No. 4, 1987, pp. 291 – 301.

⑥ Fletcher. S. NVQs, *Standards and Competence: A Practice Guide for Employers Management and Trainers*, London: Kogan, 1992.

⑦ Spencer L. M. & Spencer. S. M., *Competence at Work: Models for Superior Performance*, New York: John Wiley & Sons, Inc., 1993.

第一章　绪论

（8）胜任力是个体的潜在特征，可能是动机、特质、技能、自我形象或社会角色的方面，或他（她）所运用的知识体。①

（9）能将高绩效者与一般绩效者区分开来的可以通过可信的方式度量出来的动机、特性、自我概念、态度、价值观、知识、可识别的行为技能和个人特质。②

（10）胜任力是一个好的经理人所要求的技能、能力及个人特质。包含了显而易见的能力，例如知识及技能，与较无法评估的能力，如个人特质。③

（11）胜任力是指一切与工作成败有关的行为、动机与知识。④

（12）胜任力是精确、技能与特性行为的描述，员工必须依此进修，才能胜任工作，并提升绩效表现。⑤

（13）胜任力是知识、技能、能力或与工作表现优异相关的个性特征。⑥

（14）从培训角度来看，胜任力就是"个人成功完成组织目标时所需求的知识、技能和态度"。⑦

（15）工作中的人类胜任力并不是指所有的知识和技能，而是指那些在工作时人们所使用的知识和技能。⑧

---

① Boyatizis, R. E., "Rendering into Competence the Things That are Competent", *American Psychologist*, Vol. 49, No. 1, 1994, pp. 64–66.

② Spencer L. M., McClelland D. C., Spencer S. M., *Competency Assessment Methods: History and State of the Art*, Boston: Hay-McBer Research Press, 1994.

③ Page C. & Wilson M., *Management Competencies in New Zealand: On the Inside Looking in*, Wellington: Ministry of Commerce, 1994.

④ Byham W. C. & Moyer R. P., *Using Competencies to Build A Successful Organi-zation*, Development Dimensions International Inc., 1996.

⑤ Mansfield R. S., "Building Competency Models: Approaches for HR Professionals", *Human Resource Management*, Vol. 35, No. 1, 1996, pp. 7–18.

⑥ Mirabile R. J., "Everything You Wanted to Know about Competency Modeling", *Journal of Training and Development*, Vol. 51, 1997, pp. 73–77.

⑦ Hackey, C. E., "Three Models for Portfolio Evaluation of Principals", *School Administratitor*, Vol. 56, No. 5, 1999, p. 36.

⑧ Sandberg, Jorgen, "Understanding Human Competence at Work: An Interpretative Approach", *Academy of Management Journal*, Vol. 43, No. 1, 2000, pp. 9–25.

胜任力定义有很多种，对于这个术语的定义也很难有精确的定义标准。为什么关于胜任力的定义会出现如此大的差异呢？研究显示，"胜任的"（competent）或者"胜任力"（competency）这类术语在早些年的心理学文献中已经广泛使用。这些词部分起源于法律，随后在临床心理学中运用。后来，"胜任力"被引用在职业咨询领域用来定义与某种职业相关的知识、技能和能力等方面。在教育学领域使用到这个词，主要在于强调较为宽泛的传统的"知识"领域（如数学、英语等）。在较早以前，工业心理学家也使用术语"胜任的"来描述特定行业的成功个体。由于过去在许多领域都会使用到这个词，但不同领域的研究对胜任力的界定有较大的差异，因此它经常被认定为是限于某个行业之内的概念。

虽然理论研究对胜任力概念的界定差异很大，但共性之处是胜任力被定义为确保产生绩效的多种能力，指与一定的工作情景相联系的、按照一定的绩效指标能够区分优劣，并可以通过培训加以改善和提高个人潜在的、持久的特征，包括知识、技能、能力、特质、态度、动机和行为等多个方面。国内学者以及应用胜任力的管理者更多地倾向于使用大卫·麦克勒兰德（David C. McClelland）、莱尔·史班瑟（Lyle M. Spencer）的定义①。专家总结、研究后得出，只有具有以下三个重要特征才能成为管理学意义上的胜任力：（1）与工作绩效有密切的关系，甚至可以预测员工未来的工作业绩；（2）与工作情景相关联，具有动态性；（3）能够区分优秀业绩者与普通业绩者。②

（三）胜任力分类

学者们分别从不同的角度对胜任力进行了分类，不同的划分标准呈现

---

① Spencer L. M. & Spencer S. M., *Competence at Work: Models for Superior Performance*, New York: John Wiley & Sons, Inc., 1993.

② 黄勋敬：《赢在胜任力：基于胜任力的新型人力资源管理体系》，北京邮电大学出版社2007年版，第9页。

了不同的类别，胜任力大致被分为以下不同类型。

1. 个体和组织胜任力①

（1）个体胜任力

个体胜任力（personal competency）是指对能显著区分高绩效者和一般绩效者的个体特征。麦克勒兰德特别强调对个体胜任力的测量，即对成功人士与一般人士比较所具有的突出品质的测量。个体胜任力隐藏的一个前提是，企业已决策要做"正确的事"，因而剩下的任务就是"正确做事"，即提高在职员工的绩效，改善其胜任力。个体胜任力的最大风险是有可能因脱离企业战略需要而过于专注绩效细节。因此，个体胜任力极难服务于企业，帮助获取持续的竞争优势。

（2）组织胜任力

部分学者超越了个体绩效的领域而进入了组织绩效领域的研究，组织胜任力本质上是使组织在环境中有竞争力，组织核心胜任力有三个可辨别的成分：提供进入变化市场的潜能；对终端产品的有意义的贡献；对竞争者来说很难模仿的竞争优势。

组织胜任力表明企业是否获取和有效地利用有价值的战略资源以及组织效率与竞争优势，个体的胜任力资源整合成企业异质性的资源——组织资本，成为竞争优势的基础。如果企业的胜任力有赖于组织内多种资源的集成，深植于组织的结构、发展路径、运作过程和隐性知识中，那么，其竞争力的复制难度就会大大增加，企业竞争优势的强度和可持续性也显著增加。②

2. 基准胜任力和鉴别胜任力

从胜任力水平来看，可以把胜任力分为基础胜任力和鉴别胜任力。基础胜任力是指一般的基础知识与基本技能，是完成工作所需的最低标准，但不足以区别和解释普通员工与绩效优秀员工之间的差异；鉴别胜任力指的是那些能够区别普通员工与绩效优秀员工的能力方面。比如，有人在确定目标过程中，更倾向于将目标定得比那些只满足企业一般要求的人的目

---

① 陈万思：《知识员工胜任力：理论与实践》，上海财经大学出版社2007年版，第39页。
② 陈万思：《知识员工胜任力：理论与实践》，上海财经大学出版社2007年版，第40—41页。

标高，这就是区别高绩效与一般绩效的关键能力。

3. 工作胜任力、岗位胜任力和职务胜任力①

根据个体在工作中不同的职位，可以把胜任力分为工作胜任力、岗位胜任力和职务胜任力。工作胜任力影响个体的工作绩效水平，通过它可以预测个体的工作绩效；岗位胜任力是指具有某种资格或胜任某一岗位的条件；职务胜任力是指某一行业工作者是否具备某一职务所要求的职务行为能力。

4. 元胜任力、行业通用胜任力、组织胜任力、标准技术胜任力、技术行业胜任力、特殊技术胜任力②

诺德华（Nordhaug）③ 提出的胜任力分类学说认为，对胜任力的划分应从三个维度进行，这三个维度分别是任务具体性、行业具体性和公司具体性。

任务具体性（Task-specificity）是指胜任力与需要完成的一个具体工作任务的相关程度。低任务具体性是指胜任力不与某一个（或某些）具体任务有特殊的关系，而是同时与更大范围内的许多种任务密切相关。如沟通技能、分析能力、问题解决能力、委派工作的能力、与他人协作的胜任力等。当任务具体性高时，胜任力就与某个单一工作任务或少数几种工作任务密切相关。如果一种能力仅仅只能应用于一家公司，那么这就是公司具体性（Firm-specificity）。从字面上来看，该能力对其他雇主而言，没有潜在的价值。所有非公司具体性的胜任力是一种一般的或非具体性的，并且能够在外部劳动力市场上进行买卖。米切尔等认为，公司具体胜任力导致了雇主与雇员因双方利益上的因素而产生一种长期的契约性商定。非公司具体胜任力也许有或多或少的行业具体性。将任务具体性、公司具体性和行业具体性三个维度结合起来形成一个分类框架，分为六种不同类型的胜任力。④

---

① 马欣川等编著：《人才测评：基于胜任力的探索》，北京邮电大学出版社2008年版，第89页。
② 陈万思：《知识员工胜任力：理论与实践》，上海财经大学出版社2007年版，第44—47页。
③ Nordhaug. O., *Competence Specificities in Organizations*, Int. Studies of Mgt. & Org, 1998, pp. 8 – 29.
④ 林立杰：《高校教师胜任力研究与应用》，中国物资出版社2010年版，第14—15页。

元胜任力（Meta-vompetence），属非公司或行业具体性，它可用于完成大量不同任务。该类型的胜任力包含广泛的知识、技能和态度。

行业通用胜任力（General Industry Competence）属低任务具体性，低组织具体性和高行业具体性。它包括产业结构及其目前发展的知识、分析竞争对手战略和运作方面的能力、在行业中的关键人物、网络和联盟方面的知识，以及在行业中同其他公司形成合作和联盟的能力；组织胜任力（Intra Organizational Competence）是低任务具体性和高组织具体性，可称为或组织内部胜任力。它包括关于组织文化知识、公司内部的沟通渠道和非正式网络、组织中的政治动态性和公司的战略及目标。

标准技术胜任力（Standard Technical Competence），属于高任务具体性、低行业具体性和低公司具体性。它是一个范围更广的具有操作定向的胜任力，内容包括：打字和速记技能、普通预算和会计原理及方法方面的知识、计算机编程技能、标准计算机软件知识、应用在不同行业中的手艺和职业定向技能。

技术行业胜任力（Technical Trade Competence），属于任务具体性、行业具体性和非公司具体性。它在同一行业内可流动使用，但是仅可用来完成一个或少量有限的工作任务。这种类型的胜任力内容有：建造自动机械和航空器、拼装计算机硬件、理发等。

特殊技术胜任力（Idiosyncratic Technical Competence），属于高公司具体性和高任务具体性。它仅仅能在一个单位内解决一个任务或非常少的任务。它包括与独特技术和日常操作相关的知识和技能，如在单位里使用特殊工具进行精巧制作相关的技能等。①

5. 概念性胜任力、人际关系胜任力、技术性胜任力

桑德威斯（Paul Sandwith）② 认为，随着管理者职位的高低和任务的不同，所需管理胜任力有差异。当管理者职级越高时，个人特质的重要程度

---

① 陈万思：《知识员工胜任力：理论与实践》，上海财经大学出版社2007年版，第44—47页。
② Paul Sandwith, "A Hierarchy of Management Training Requirements: The Competency Domain Model", *Public Personnel Management*, Vol. 22, No. 1, March 1993, pp. 43–62.

越高。然而，在一个组织中，管理者到底扮演什么角色？实际上，管理者可以被粗略地分为基层管理者（Front-line managers）、中层管理者（Middle-manager）、高层管理者（Top managers），依组织的大小不同，管理者的工作内容会有所不同，其角色也会因此而转换。①

由于各层次管理人员因其任务性质不同，卡茨（Katz）② 特别对各层次的管理人员所需具备的胜任力程度做出说明：基层管理者通常负责执行层面的工作，技术性胜任力最为重要；中层管理者处于组织体系中的中间点，一方面协助高层管理者拟定战略并执行所赋予的任务，另一方面作为基层管理者的代言人，是高层管理者与基层管理者之间的沟通桥梁，因此人际关系胜任力最为重要；高层管理者负有整体组织战略决策的责任与权利，所以概念性胜任力最为重要。

在古列尔米莫（Guglielmino）③ 的研究中，他根据卡茨提出的三类管理胜任力做实证调查，结果发现高、中、低三层管理者对概念性、人际关系、技术性三类胜任力的需求程度不同，高层管理者对概念性胜任力的需求高于对人际关系胜任力和技术性胜任力的需求，概念性胜任力的重要性占比达47%；中层管理者对人际关系胜任力的需求高于对概念性胜任力和技术性胜任力的需求，人际关系胜任力的重要性占比达42%；基层管理者对技术性胜任力的需求高于对人际关系胜任力和概念性胜任力的需求，技术性胜任力的重要性占比达47%。

6. 基准性胜任力、鉴别性胜任力与发展性胜任力

史班瑟将胜任力分为基准性胜任力和鉴别性胜任力。其中，较容易通过培训、教育来发展的知识和技能是对任职者的基本要求，被称为"基准性胜任力"（Threshold Competency）；而在短期内较难改变和发展的

---

① 刘维良：《校长胜任力研究与应用》，重庆大学出版社2014年版，第6页。
② Katz, R. L. , "Skills of an Effective Administrator", *Harvard Business Review*, Jan-Feb 1995, pp. 33–42.
③ Guglielmino, L. M. , "Development of the Self-Directed Learning Readiness Scale", *Dissertation Abstracts International Section A：Humanities and Social Sciences*, Vol. 38, No. 11–A, November 1978, pp. 64–67.

特质、动机、自我概念、社会角色、态度、价值观等高绩效者在职位上获得成功所必须具备的条件,被统称为"鉴别性胜任力"(Differentiating Competency)。①

陈万思根据史班瑟等人的胜任力分类及其标准进一步细化,把胜任力划分成三类:基准性胜任力、鉴别性胜任力与"发展性胜任力"(Development Competency)。② 具体而言,较容易通过培训与教育发展的知识和技能等有助于人们胜任特定职位或工作的胜任力项目作为任职者的基本条件,即基准性胜任力;短期内较难改变和发展的特质、动机、态度、价值观、自我概念、社会角色等高绩效者在特定职位或工作上获得成功所必须具备的胜任力项目作为任职的关键条件,即鉴别性胜任力;可以有效地将特定职位或工作的高绩效者与该职位或工作的更高层次职位或工作的高绩效者区分开来的,通常在短期内难以改变和发展的特质、动机、态度、价值观、自我概念、社会角色等有助于特定职位或工作的高绩效者向上发展为其更高层次职位或工作的高绩效者所需具备的胜任力项目作为任职的发展条件(人们通常所说的"潜力"),即发展性胜任力。

(四)胜任力模型

1. 麦克勒兰德—冰山模型

美国著名心理学家麦克勒兰德于1973年提出了著名的"冰山模型"。所谓"冰山模型"(见图1.1),就是将个体素质的不同表现划分为"冰山以上部分"和深藏的"冰山以下部分"。麦克勒兰德认为,"冰山以上部分"包括基本知识和基本技能,是个体外在的容易测量的部分,相对而言比较容易通过培训来改变和发展;而"冰山以下部分"包括社会角色、自我概念、特质和动机,是个体内在的、难以测量的部分,不太容易通过外界的影响而得到改变,但却对个体的行为与表现起着关键作用。③

---

① 陈万思:《知识员工胜任力:理论与实践》,上海财经大学出版社2007年版,第47页。
② 陈万思:《知识员工胜任力:理论与实践》,上海财经大学出版社2007年版,第48页。
③ 王继承编著:《人事测评技术:建立人力资产采购的质检体系》,广东经济出版社2001年版,第270—271页。

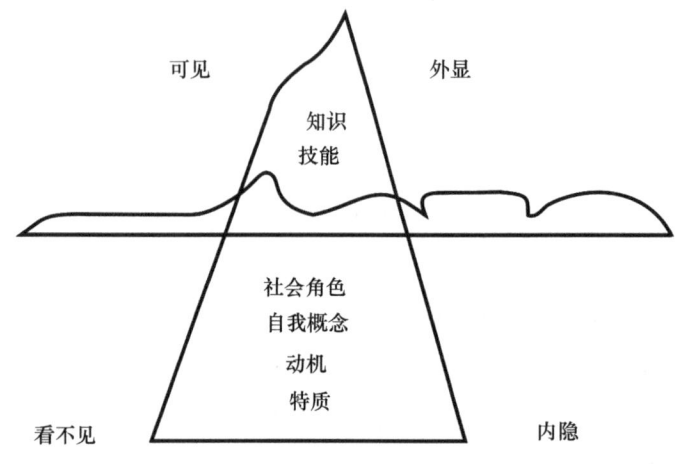

图1.1 麦克勒兰德—冰山模型①

2. 史班瑟—冰山模型

史班瑟等人将原有的麦克勒兰德冰山模型中的六个层次改为了五个层次②，提出了新的冰山模型。水上部分仍是知识和技能，水下部分改为自我概念、特质和动机。他认为胜任力由深到浅包含了动机（Motives）、特质（Traits）、自我概念（Self-image）、知识（Knowledge）、技能（Skill）五种基本特性，见图1.2③。

3. 洋葱模型

洋葱模型是在冰山模型基础上演变而来的。美国学者博亚齐斯（Boyatzis）④深入和广泛地研究了麦克勒兰德的素质理论，提出了素质洋葱模型，见图1.3。洋葱模型呈现了素质构成的核心要素，并说明了各构成要素可被观察和衡量的特点。洋葱模型，是把胜任素质由内到外概括为

---

① 王继承编著：《人事测评技术：建立人力资产采购的质检体系》，广东经济出版社2001年版，第270页。
② 马欣川等编著：《人才测评：基于胜任力的探索》，北京邮电大学出版社2008年版，第88页。
③ [美] 莱尔·史班瑟等：《才能评鉴法：建立卓越的绩效模式》，魏梅金译，汕头大学出版社2003年版，第17页。
④ Boyatzis R. E., *The Competent Manager: A Model for Effective Performance*, New York: John Wiley and Sons, 1982, pp. Ⅶ–Ⅷ.

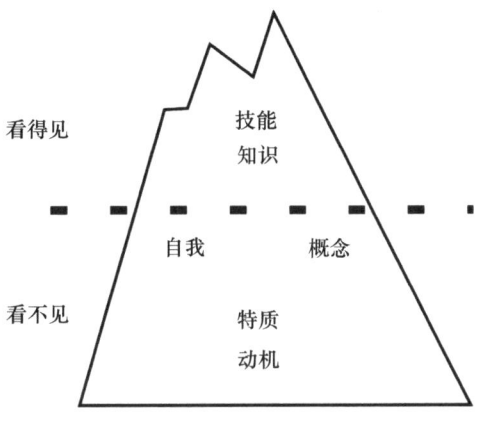

图1.2 史班瑟—冰山模型

层层包裹的结构,最核心的是特质与动机,然后向外依次展开为自我概念、态度及价值观、知识、技能等,越向外层,越易于培养和评价;越向内层,越难以评价和习得。[①]

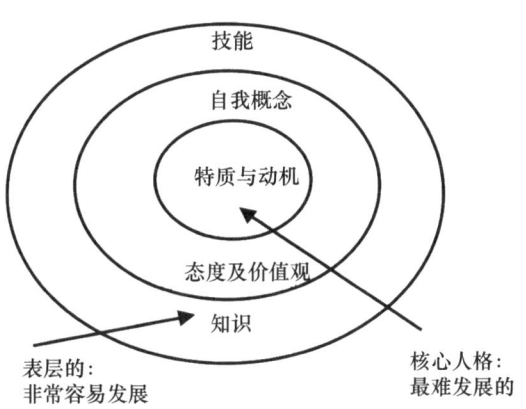

图1.3 洋葱模型

"洋葱"最外层的知识和技能,相当于"冰山"的水上部分;"洋葱"最里层的特质和动机,相当于"冰山"水下最深的部分;"洋葱"中间的

---

① 牛端:《高校教师胜任特征模型研究》,中山大学出版社2009年版,第37—39页。

自我概念、态度及价值观等，则相当于"冰山"水下浅层部分。洋葱模型同冰山模型相比，本质是一样的，都强调核心素质或基本素质，对核心素质的测评，可以预测一个人的长期绩效。相比而言，洋葱模型更突出潜在素质与显现素质的层次关系，比冰山模型更能说明素质之间的关系。①

传统的人力资源管理较为注重冰山模型以上部分外显的人员特征，从某一个角度来考察人员特征，如人员心理测评知识测评等，这与达到"人尽其才"的目标还有差距。显然以冰山模型上部分为基础的传统人力资源管理已不能完全满足现代管理的要求。基于对人员进行全面的、从外显特征到内隐特征综合评价的胜任力分析方法可担此重任——有效针对岗位要求鉴别人员各层次的胜任力，特别是深层次、内隐特征的胜任力分析法可以成为新时代人力资源管理的新基点。有研究者指出，胜任力模型提供了一种新的人力资源管理方法，它改变了传统测验在职业选拔中的应用方式，而且也影响了传统的工作分析，并较广泛地用于工作分析、招聘与选拔、培训、职业生涯规划、绩效评估、继任计划、薪酬管理等。②

4. 通用胜任力模型

1982年，博亚齐斯全面分析了12个工业行业公共事务部门和私营企业的41个管理职位的2000多名管理人员的胜任力。他运用行为事件访谈、图画故事技术和学习风格问卷，建立了管理人员的胜任力通用模型，并分析了不同行业、不同部门、不同管理水平的胜任力模型的差异，最后提出管理者的胜任力模型包括六大特征群：目标、领导、知识、行动管理、指导下属、关注他人等。在这六大特征群的基础上，博亚齐斯具体阐释了19个子胜任力特征：效率定向、主动性、关注影响力、判断性的使用概念、自信、概念化、口才、逻辑思维、使用社会权力、积极的观点、管理团队、准确的自我评价、发展他人、使用单向的权力、自发性、自控、自觉

---

① 黄勋敬：《赢在胜任力：基于胜任力的新型人力资源管理体系》，北京邮电大学出版社2007年版，第10—13页。
② 王继承：《谁能胜任——胜任模型及使用》，中国财政经济出版社2004年版，第159页。

的客观性、精力和适应性、关注亲密的关系。①

自1989年起,根据科技、教育、制造业、销售业、服务业、政府机构、军队、医疗保健等行业与组织中的200多人在工作中的行为及其结果的观察所得到的信息,前麦克伯公司(MeBer & Company)总裁史班瑟等人建立了一个由286类不同领域相同工作所需要胜任力构成的数据库。对应该数据库,研究小组归纳了一系列行为方式,记录了大约760种行为特征。其中,与360种行为特征相关的21项胜任力能够解释每个领域工作中80%以上的行为及结果,而其余400种行为特征则对应了一些不太常见的胜任力。因此,这21项胜任力便构成了胜任力词典(Competency Dictionary)的基本内容,并且每项胜任力都由对应的各种行为特征来加以阐释。在胜任力词典中,这21项胜任力都按照内容或作用的相似程度划分为若干胜任力族,每个胜任力族通常包括2—5种具体胜任力要素。② 最后,建立了销售人员、技术人员、经理人员、企业家和社会服务人员五大类通用行业的胜任力模型,每一个胜任力模型包括十项左右的胜任力特征因素。这些通用模型在我国适用性需要验证,但具有一定的参考价值。③ 麦克勒兰德领导的合益集团(Hay Group)基于三十多年的胜任力研究,利用遍布全球的分公司力量,建立了丰富的胜任力模型库,并不断完善。

5. 其他模型研究

在胜任力思路的指引下,人们对企业经营者、高层管理人员进行了大量的研究,也根据不同的背景构建了很多企业经营者管理胜任力模型。

德坎(Durkan)等④对北爱尔兰的12个中小企业高级经营者采用自我报告的方法研究胜任力,得出企业经营者的胜任力要素包括团队建设、说

---

① 黄勋敬:《赢在胜任力:基于胜任力的新型人力资源管理体系》,北京邮电大学出版社2007年版,第13—16页。
② 林立杰:《高校教师胜任力研究与应用》,中国物资出版社2010年版,第11页。
③ 王继承编著:《人事测评技术:建立人力资产采购的质检体系》,广东经济出版社2001年版,第282页。
④ Durkan, P., Harrison, R., Lindsay, P., & Thompson, E., "Competence and Executive Education and Development in an SME-environment", *Irish Business Administration Research*, Vol. 14, No. 1, January 1993, pp. 65 – 80.

服能力、教育、沟通、决心、承诺、愿景、战略、创新能力、灵活性、分析与理解复杂信息能力和风险决策能力等。

加斯（Gasse）等①对加拿大47家不同发展阶段和规模的中小企业研究得出的企业家胜任要素主要包括：明晰的公司愿景、使命（设定使命）、战略规划、人际技能、领导力、授权和指导、多方法培训、系统组织能力、直觉管理、决策制定、认知和信息处理、行业和企业背景知识、理财能力、专业技能、企业家精神、创新等。

亨特（Hunt）②对5位美国家族企业的高级领导者运用关键事件访谈法进行研究，得出经营者胜任力要素主要包括避免冲突、角色差异感知、潜能与授权、参与、经营风格、对事业执着感的维系、工作生活的平衡和持续工作的能力等。

杜莱维茨和赫伯特（Dulewicz & Herbert）③对大不列颠和爱尔兰的总经理职业生涯进行7年的跟踪实证性研究。由经理的老板们根据经理的表现对40个胜任力行为表现条目进行重要性评价，采用5点计分（1为绩效突出，5为未达到可接受标准），经理们自己对40个胜任力行为表现进行自评，也采用5点计分。通过因素分析得出战略眼光、分析与判断、计划与组织、管理员工、说服、坚持性与果断、人际敏感性、口头沟通、毅力和适应能力、精力与主动性、成就动机和商业意识12类胜任力要素。

韩国的权宇重（Kyoo Yup Chung）④对韩国酒店经理胜任力进行了实证研究。其主要采用小组讨论法收集项目编制问卷，效标为自评职业成功。通过因素分析，得到6个酒店经理胜任力要素：管理分析技术、适应

---

① Gasse, Y., *Entrepreneurial-Managerial Competencies and Practices of SMEs*, Canada: Center for Entrepreneurship and SME, 1997.

② Hunt, L. M., *Cabin Crew Competencies: A Needs Assessment*, Christchurch: New Zealand Institute for Transport, 1998.

③ Dulewicz V. and Herbert, P., J. A., "Predicting Advancement to Senior Management from Competencies and Personality Data: A Seven-year, Follow-up Study", *British Journal of Management*, Vol. 10, No. 1, March 1999, pp. 13 – 22.

④ Kyoo Yup Chung, "Hotel Management Curriculum Reform Based on Required Competencies of Hotel Employees and Career Success in The Hotel Industry", *Tourism Management*, Vol. 21, No. 5, October 2000, pp. 473 – 487.

环境变化和获得知识、管理员工、问题识别和沟通、操作技术和知识及创新。

杰伊·康格和道格拉斯·瑞迪（Jay A. Conger, Douglas A. Ready）①总结了企业经营者管理胜任力模型的开发运用。他们认为有七种核心胜任力要素是每一个经营者应该具备的，包括建立公司价值导向（Model the values）、创造拓展点（Create external focus）、预见并把握未来的变化（Anticipate change and prepare for the future）、优秀的执行力（Implement with quality, speed, and value）、带领大家达成目标（Achieve results with people）、评价与行动（Evaluate and act）和分享学习（Share key learnings）。他们提出，在运用管理胜任力模型的时候要注重转化，就是把模型与企业实际和经营者情况紧密地结合起来。

在实践领域，国外已构建了各级各类行业丰富的管理人员模型、专业人员模型、企业家模型、销售人员模型等，这些模型可以作为该类职位的任职资格。国内也建构了一些管理胜任力模型②、中小学教师胜任力模型③和中小学校长胜任力模型④。罗双平从员工绩效的角度，把胜任力模型分为岗位胜任能力模型和卓越绩效者能力模型。⑤ 岗位胜任能力模型，是指员工履行岗位职责应具备的个性特征、必备知识、工作能力以及经历与经验等。其模型主要视组织机构的发展战略、岗位职责、绩效标准以及组织文化等因素而定。卓越绩效者能力模型，是指工作卓越绩效者应具备的素

---

① Jay A. Conger, Douglas A. Ready, "Rethinking Leadership Competencies", *Leader to Leader*, Vol. 32, No. 1, March 2004, pp. 41 – 47.
② 时勘、王继承、李超平：《企业高层管理者胜任特征模型评价的研究》，《心理学报》2002年第3期；苗青、王重鸣：《基于企业竞争力的企业家胜任力模型》，《中国地质大学学报》（社会科学版）2003年第3期。
③ 李晔、李哲、鲁铱等：《基于长期绩效的中小学教师胜任力模型》，《教育研究与实验》2016年第2期；谢彩春：《中小学教师教学胜任力模型构建研究》，《当代教育论坛》2016年第5期。
④ 刘维良：《基于胜任力模型的中小学校长的基准模式和卓越模式研究》，《北京教育学院学报》2012年第1期。
⑤ 罗双平编著：《从岗位胜任到绩效卓越：能力模型建立操作实务》，机械工业出版社2005年版，第8页。

质及能力特质，这种特质是卓越绩效者独有的而绩效一般者不具有的特质。如优秀的保险销售人员可能以客户服务为导向，尽心竭力地为潜在的保险客户提供服务。但是，国内的胜任力模型仍然缺乏大量相关的实验研究。

（五）胜任力模型的应用研究

将胜任力模型应用于工作分析和评价、招聘与选拔、培训与开发、考核和薪酬等人力资源管理活动中。麦克勒兰德曾经帮助两家跨国公司建立了高层管理人员胜任力模型，结果表明：离职率从49%下降到6.3%；追踪研究还发现，在所有新聘任的高层管理人员中，达到胜任力标准的有47%在一年后表现比较出色，没有达到胜任力标准的只有22%表现比较出色。因此，随着信息技术的进步，以知识为基础的行业快速增长，越来越多的组织机构认识到发展胜任力模型是获取竞争成功的一种重要手段。胜任力模型是组织机构人力资源管理的基础，能够为工作分析、选拔、考核、培训和激励等活动提供有力支持，是现代人力资源管理的新基点。

1. 工作分析

传统的工作分析重视工作内容，并在此基础上提出任职资格。而基于胜任力模型的工作分析，针对高工作绩效员工，重点研究与其高绩效相关的特征及行为，并据此定义工作职责，具有更强的高工作绩效预测性。

2. 选拔

传统的人才选拔一般比较重视考察候选人的知识、技能等外显特征，而没有针对难以测量的核心动机和特质来挑选。如果入选者仅仅具备职位所需的基准性胜任力，而不具备职位所需的鉴别性胜任力，则很难通过简单的培训来改变，难以实现人职的匹配。相反，如果能够基于胜任力模型开展选拔，有助于管理部门找到具有核心的动机和特质，既避免了由于人员挑选失误所带来的不良影响也减少了管理部门的培训支出。尤其是为工作要求较为复杂的职位挑选候选人，如高层管理人员在应聘者基本条件相似的情况下，胜任力在预测高绩效方面的优越性就更能体现出来。

3. 绩效考核

胜任力模型的前提是找到区分高绩效者与一般绩效者的指标。因此，基于胜任力模型的绩效考核指标，在经过反复验证和检验，能够真实地反映员工的综合工作表现。通过这种绩效考核方式，可以区分出高绩效者和一般绩效者。对于后者，根据绩效考核标准与胜任力模型可以通过培训等方式帮助员工有效地改善工作绩效。

4. 培训

胜任力模型扩大了传统工作分析结果的范围，它清楚地描绘了对组织有独特作用的员工胜任力特征。简单地说，胜任力模型使培训更深地植根于企业的文化。此外，基于胜任力的培训也要求一个范式的转换：从过去为实现单一的行为目标而教，转为获得并应用达标或卓越的绩效所需的胜任力特征而教。①

5. 激励

通过胜任力模型的构建和应用，能够帮助管理部门系统地分析员工需求，有针对性地采取相应的激励措施，特别是可以更多地采用培训等软激励手段，激励效果更加持久、有力，能够有效地提高员工满意度、敬业度和忠诚度、最终提升教育管理者的整体竞争实力。

6. 职业生涯规划

通过同一系列职位胜任力模型的比较，员工可以清楚自己职业生涯发展的努力方向，可以与上级、专业人力资源管理人员一起，基于组织机构的需要，来规划个人的职业生涯；并根据自己与目标职位胜任力的差距，设计阶段性职业发展计划，并据此安排培训计划等。

实际上，胜任力模型不仅可以应用于上述六大类人力资源管理活动，而且可以应用于其他人力资源管理活动，如人力资源规划等，只不过作用可能不如在上述的六个方面那么直接和明显。

---

① ［美］戴维·D. 杜波依斯等：《基于胜任力的人力资源管理》，于广涛等译，中国人民大学出版社2006年版，第98页。

(六) 我国胜任力的研究现状

1. 非教育领域的应用研究

从20世纪80年代开始，中国科学院心理研究所分别从管理者、员工素质评价和培训的角度，探索管理者的素质指标及测评方法。徐联仓等人首先将领导行为PM评价模式引入我国的管理者素质评估，考察了工作绩效和人际关系两个维度与情境因素的关系。① 20世纪80年代以来，对于传统的职务分析（Job Analysis）的最大挑战，是强调对关键素质分析的胜任特征评估（Competence Assessment Method）。随着国外胜任特征研究的不断升温，随着中国入世的成功，胜任特征研究也引起了我国高校的学者、研究人员、管理人员以及企业越来越广泛的重视，有关胜任特征的介绍和应用主要是从心理学和人力资源管理两个方面进行的。

时勘、王继承、李超平②运用BEI行为事件访谈技术探讨了我国通信业高层管理者的胜任特征模型，研究结果表明：我国通信业高层管理者的胜任特征模型包括影响力、组织承诺、信息寻求、成就欲、团队领导、人际洞察力、主动性、客户服务意识、自信和发展他人。

苗青、王重鸣③借助结构方程建构软件EMOS，通过编制《管理综合素质关键行为评价量表》，指出管理者胜任力模型由管理素质和管理技能两个维度构成，但不同层次管理者具有不同的结构要素。正职的价值倾向、诚信正直、责任意识、权力取向等构成了管理素质维度；而协调监控能力、战略决策能力、激励指挥能力和开拓创新能力则构成了管理技能维度。对于副职来说，管理素质维度由价值倾向、责任意识、权力取向三个要素构成，管理技能维度由经营监控能力、战略决策能力、激励指挥能力三个要素构成。正副职层次职位在管理胜任力特征上形成差异结构，正职的战略决策能力更为关键，而副职的责任意识更为重要，同时，正职职位

---

① 徐联仓、陈龙、王登：《关于企业领导行为评价的试点》，《经济管理》1982年第6期。
② 时勘、王继承、李超平：《企业高层管理者胜任特征模型评价的研究》，《心理学报》2002年第3期。
③ 苗青、王重鸣：《基于企业竞争力的企业家胜任力模型》，《中国地质大学学报》（社会科学版）2003年第3期。

对诚信正直和开拓创新能力两个要素有更高的要求。

鉴于不同行业不同岗位对胜任力模型有不同要求，因此，与行业紧密结合的胜任力建模运动在国内也逐步开展起来了。徐建平[①]建构起了教师胜任力模型。黄勋敬、李光远、张敏强[②]在国内首度构建了商业银行行长的胜任力模型。该模型同一般管理人员的胜任力模型既有相似之处，也有独特性，充分反映了商业银行行长所从属的金融行业的特色。

2. 教育领域的应用研究

胜任力的研究自20世纪90年代后期引入我国，直到2005年后胜任力理论才开始应用到教育领域的研究。将胜任力理论应用到教育领域的研究对象主要有：综合大学校长、高职院校校长、高校教师、高校辅导员、中小学校长、中小学教师等。研究运用行为事件访谈法（BEI）、关键事件访谈法（STAR）、问卷调查法等实证研究方法开展中小学校长胜任力模型研究是国内中小学校长胜任力研究的重点方向。

（七）胜任力研究的发展趋势

胜任力的概念提出后，受到西方企业界和学术界的极大关注，胜任力研究成为全球管理界注视的焦点。许多学者认为对胜任力进行广泛、深入的研究将为新经济时代的人力资源管理开辟新途径。在传统人力资源管理向基于胜任力的人力资源管理转变过程中，员工的胜任力正日益成为组织核心竞争力的关键，成为组织竞争优势的来源，胜任力概念已经对当代的人力资源管理实践产生重大的影响。目前，胜任力研究和应用主要表现出以下趋势：[③]

1. 胜任力研究将更加透明

学术界一直就是否采取透明的方法来研究胜任力争论不休。胜任力模型建立在控制组和实验组对照的基础上，被定为高绩效组的成员的行为将和一般组成员的行为进行对比。随后，对两个组别的行为频率进行统计学

---

① 徐建平：《教师胜任力模型与测评研究》，博士学位论文，北京师范大学，2004年，第63页。
② 黄勋敬、李光远、张敏强：《商业银行行长胜任力模型研究》，《金融论坛》2007年第7期。
③ 胡月星等：《领导胜任力》，电子工业出版社2007年版，第5—8页。

上的差异显著性检验，最后就成为高绩效者独一无二的胜任力模型。但是今天的组织正变得越来越透明，继续采用这种方法会导致一些问题的产生。由于设置对照组的办法通常采用了"欺骗"的方式来避免让被试知道自己属于高绩效组还是一般组。在心理学研究中向被试隐瞒一些情况是为了减少在收集数据过程中产生误差，以提高研究的效度，但是此种提高效度的方法正面临被滥用，其可信度正受到伤害。这些事实使得继续使用此种方法来构建胜任力模型变得越来越不可行。

今后的胜任力分析研究的方向将趋向采用更透明和更具参与性的方式。例如，从设计熟练管理者职责到自我管理团队再到软件应用的不断增加，拓宽了胜任力研究工具的使用和信息的获取渠道。因此未来的人力资源管理实践很有可能不再关注胜任力的精确定义，而是重视确保直接获得胜任力的方法和对胜任力方法的恰当使用。

2. 发展胜任力模型的过程将加快

传统的胜任力建模需要确定高绩效组和一般组，还需要进行行为访谈，并对访谈进行内容分析，最后进行统计检验。这样做虽然提高了鉴别高绩效者胜任特征的信度，但是却极其花费时间和财力，而且常常不能和那些工作结构和绩效结构快速变化的组织匹配起来。出于提升竞争力和降低成本的压力，许多组织极大地缩短了新产品和新服务推向市场的周期。这种情况反过来也迫使技能获取和发展的周期必须缩短，组织必须加速胜任力策略以适应日益加速的变化，为此许多组织正变得更灵活。在这种情况下，基于计算机系统的胜任力将能对变化的需求做出快速反应。

公用胜任力数据库管理者和员工可以使用自动化的胜任力计算机系统来迅速勾勒出新的绩效要求，并且获得必要的信息和培训以强化必备的知识和技能。计算机胜任力系统加速了组织中具备不同胜任特征的人员被鉴别和配置到相应的项目和工作中去。尽管计算机系统进行深度研究时在精确性上存在不足，但是计算机系统可以帮助组织快速鉴别、发展和配置胜任力，以弥补精确性上的不足，随着计算机系统变得越来越"聪明"和"友好"，计算机胜任力系统将成为标准。

3. 越来越强调面向未来的胜任力

传统的胜任力建模方法通常更关注描述过去的行为而不是未来预期会出现的绩效要求。这是因为胜任力模型是通过把人们以当前的标准区分为高绩效者和一般绩效者，并对他们的行为差异进行比较而获得的。尽管这种方法在一些应用中是可以接受的，但是有可能出现两个潜在的问题。

一是胜任力分析关注人们在过去获得结果的绩效。例如在胜任力分析中常使用的关键行为访谈方法就要求人们回忆导致高绩效或低绩效的过去事件，这种方法只是详细描述了过去取得的成功，但很少对人们应该做出什么样的变化以适应未来需求而有所洞悉。二是胜任力通常受到现存的关于高绩效和一般绩效的标准和价值观的微妙影响。这些标准和价值观直接影响了对成功的定义和对高绩效者与一般绩效者的判定。因此许多胜任力模型把更多的注意力放在那些受到管理者奖励的正确行为上而不是那些在未来将带来高绩效的行为。由于现代组织的变化步伐加快，能够预测未来的胜任力要求，并变革旧的思维和行为方式，将会给组织带来重大的竞争优势。

4. 进一步强调团队和工作过程中的胜任力

胜任力研究的基本原则强调个人的学习能力和绩效。这种观点基于麦克勒兰德和其他发起胜任力研究的专家所倡导的学习和绩效研究的心理学方法。这种观点背后存在着这么一种假设：个人是组织绩效分析的基本单位。因此，在过去几十年里出现的胜任力模型大多把注意力放在探索个体间在绩效上的差别。但是随着时代的变化，这种观点正在发生变化。一是许多组织正快速从阶层管理结构变成更扁平、运作驱动（Process-Driven）的结构；二是许多组织对掌握重要技术和知识的人员的需求已超越了物理和地理位置的限制。这种需求导致了"虚拟团队"的出现，其成员拥有不同背景，跨越了地理位置、时区和文化的差异。因此，有必要对个人、团队和组织胜任力进行定义以便在新环境中实现成功的管理。

5. 过渡到组织学习的观点

胜任力的概念和方法推动了人力资源管理的发展，而且胜任力理论在这一领域中的应用反过来还促使了该理论本身及其研究方法的发展。但是关于胜任力的价值和研究方法在未来不会只停留在人力资源管理领域，在倡导学习型组织的今天，这种价值将体现在更为广泛的组织学习上。

胜任力方法在组织学习上的应用为人力资源管理实践带来了启示。首先，它启发人们从研究微观层次的个体技能和行为的分析转变到关注诸如问题解决能力等高层次的组织能力上。构建组织和工作中的胜任力，将促使人们结合在一起，并提升他们个人的知识在获取组织竞争优势中的作用。其次，这一趋势将会促进一些新方法的发展，以加速整个组织的知识共享和创新。最后，传统人力资源管理者使用学习策略是为了推动人力资源管理的效果，在组织学习的策略中，组织的各级成员将自觉运用学习策略，因而使之成为拉动人力资源管理的力量。在使用胜任力方法的同时，人力资源管理的角色也将因此发生演化，成为工作过程中的推动者和顾问，以加速个人、团队和组织的变化。

二 中小学校长胜任力的相关研究

（一）校长标准和职业素质

校长作为社会的一种职业、有其丰富的内涵。研究表明，校长与其他社会职业是有着本质区别的，它是专门从事领导、经营管理学校与教育服务的工作，以培养人才为主要任务。伴随时代的发展，校长的职业地位和功能，毫无疑问将会在教育实践中日益得到重视和提升。[①]

20世纪末，人们就开始对领导者素质进行研究，并形成了素质理论[②]。其基本假定是：领导才能实际上是个人综合素质的特殊结合；成功的领导者必定具有与不成功的领导者不同的素质特征；可以利用科学的方法发现有效领导者的理想素质，作为选拔及培训领导人才的参照依据。素质理论着重从领导者个人所具有的基本品质与能力上分析领导的有效性，从而说明怎样的领导者才能实行有效的领导。

20世纪80年代后，很多国家都非常重视中学校长管理和领导素质的研

---

① 吴恒山：《学校领导者成功之道》，天津教育出版社2004年版，第1页。
② 周在人：《中外中小学校长素质比较研究》，《中小学教师培训》1999年第3期。

究,并试图通过培训来提升校长的素质,促进中小学教育质量的提高,为提高国民素质、增强综合国力奠定坚实的基础。国内外专家、学者以及政府教育行政部门关于中学校长素质研究和论述,重点在于比较、鉴别成功的学校领导者所具有的特殊身心品质。研究多注重素质中"共同特性"的分析。①

世界各国尤为重视通过校长标准明确校长的角色定位和职业素质,确定培训的目标和方向。1998年英国教师培训署颁布《国家校长标准》(*National Standards for Headteachers*),从核心目标、领导的主要效果、专业知识和认知、技能和特长、校长职务等几个关键领域阐述了校长职业发展所需的知识、品质及行为,明确校长专业角色和领导技能,为校长培训课程指明方向。② 这一标准适用于备选、入职、在职提高三阶段的校长培训体系。

20世纪80年代初美国学校管理者协会(AASA)制定了《学校管理人员培养准则》,成为美国中小学校长培训的要求。1996年,美国州际学校领导者证书联合会(ISLLC)颁布《学校领导者标准》(*Standards of School Leaders*),成为各州校长候选人开展校长遴选、资格认定和培训的依据。1998年美国教师培训机构(Teacher Training Agency, TTA)在修订新的《校长的国家标准》后提出校长职业的五个方面:领导的核心目的、领导的关键成果、专业知识和理解力、技能和品质、领导的主要领域。以此为依据,美国国家校长协会(National Association of Head Teachers)设计和实施了校长领导和管理项目(简称HEASLAMP)旨在提高拟入职校长、新入职校长和在职校长的领导和管理能力,认为优秀校长一定是教育梦想家、变革者、教学领导者、课程专家、评价能手、预算分析师、学校经营者以及学习共同体的缔造者③。

1991年,澳大利亚学校委员会(School Council)发布一份针对中小学

---

① 刘维良:《校长胜任力研究与应用》,重庆大学出版社2014年版,第9页。
② "National Standards for Headteachers in Focus", http://www.Ncsl.org.uk/publications-index/publications-nationalstandards.htm. 2004-10/2016-05-27.
③ Linda Darling-Hammond, Michelle La Pointe, Debre Meyerson, & Margaret Orr, "Preparing School Leaders for a Changing World: Lessons from Exemplary Leadership Development Programs", http://www.seli.standford.edu, 2007-06-20.

教师的调查报告《澳大利亚教师——十年议程》，其中的教学章程（A Charter for Teaching），阐述了中小学教师应具备的各项能力、态度和价值、熟练的专业能力、科学系统的教学方法、明确的教学实践等。[①] 2011 年澳大利亚出台的《全国中小学校长专业标准》对校长提出了三项"领导力要求"：愿景与价值、知识与理解、个人品质与社交技能，并通过五大专业实践要求，分别是领导教与学、发展自我和他人、领导改进和变革、领导学校管理与社区接触和合作。[②]

新加坡对校长领导非常重视，认为应该形成校长"仆人式领导""分布式领导"[③]，为此新加坡政府进行学校信息通信技术改革，通过分布式的信息通信技术应用，以此实现校长领导力变革。[④] 此外，助理校长的角色和要求也受到研究者的关注。阿什利（Ashley）等通过对助理校长的文献进行梳理与分析，认为应该对助理校长的角色进行重新界定与安排。[⑤] 大卫（David）将学校的中层领导视为改善学校教学和学习的关键人才。[⑥]

1991 年，国家教委颁发了《全国中小学校长任职条件和岗位要求（试行）》。其中"校长的岗位要求"为基本政治素养、岗位知识要求和岗位能力要求三个部分。其中，岗位能力要求涉及六个方面的能力：（1）制定学校发展规划和工作计划的能力；（2）开展思想工作和品德教育的能力；（3）指导学校教学、业务工作的能力；（4）协调学校内外关

[①] Schools Council, *National Board of Employment, Education and Training, Issues Arising from Australia's Teachers, An Agenda for the Next Decade*, Canberra: Australian Govt. Pub. Service, 1991, p. 71.

[②] "National Professional Standard for Principals", http://www.aitsl.edu.au/school leaders/national professional standard-for principals/national-professional-standard-for-principals.html.

[③] Yenming Zhang, Tzu-Bin Lin, Suan Fong Foo, "Servant Leadership: A Preferred Style of School Leadership in Singapore", *Chinese Management Studies*, Vol. 6, No. 2, 2012, p. 67.

[④] David Ng Foo Seong, Jeanne Marie Ho, "How Leadership for an ICT Reform is Distributed within a School", *International Journal of Educational Management*, Vol. 26, No. 6, 2012, p. 45.

[⑤] Ashley Oleszewski, Alan Shoho, Bruce Barnett, "The Development of Assistant Principals: A Literature Review", *Journal of Educational Administration*, Vol. 50, No. 3, 2012, p. 25.

[⑥] David Gurr, Lawrie Drysdale, "Middle-level Secondary School Leaders: Potential; Constraints and Implications for Leadership Preparation and Development", *Journal of Educational Administration*, Vol. 51, No. 1, 2013, pp. 67–69.

系的能力；（5）开展科学研究和科学实验的能力；（6）文字和口头表达能力。①

20世纪90年代以来，随着全球性基础教育改革的发展，西方发达国家普遍提高了对中学校长的素质要求②。由于各国的国情、文化背景、教育传统不同，对校长素质的具体要求及其内涵各有不同的重点。

优秀校长的成长过程，一般都是沿着"职前预备""岗位适应""称职""成熟"和"创新"五个相互联系、前后衔接的时期③。不同时期的校长，具有不同的素质特点。

近年来，我国相继出台了《教育部关于印发〈义务教育学校校长专业标准〉的通知》（教师〔2013〕3号），2015年又制定了《普通高中校长专业标准》。随着知识经济的到来，社会政治经济的变化，人们开始关注新世纪校长素质要求，并相继发表了多项研究成果，归纳总结他们的研究发现，相对于过去的研究，新时期在对校长的素质和能力要求上更强调校长的专业素质和能力，突出校长办学思想和办学理念及校长管理能力，要有优良的道德品质、改革创新的意识和能力人际交往及公关能力、决策能力、良好的心理素质等。

总体来说，各国均重视校长专业知识和实践经验，强调校长领导能力和创新精神。但由于各国文化背景和现实差异，对校长素质的要求也不同。与英美国家相比，我国校长的素质研究需要在以下几个方面加强、改进，以适应社会发展和经济全球化的需要：（1）校长的领导技巧、决策能力和自我管理能力以及个人品质和个性；（2）侧重工作需要和解决实际问题，要求更加全面具体，增强可操作性，使之易于进行测量和评价；（3）建立符合教育发展需要的校长岗位职责和专业发展体系，发现并培养一批优秀校长，为我国的教育事业服务。

---

① 国家教委人事司编：《全国中小学校长岗位培训课程教学大纲》，天津教育出版社1991年版，第195页。
② 彭泽平等：《当前国外对中学校长的素质要求》，《外国中小学教育》2003年第4期。
③ 殷爱荪、周川主编：《校长与教育家》，福建教育出版社2004年版，第61页。

（二）国外中小学校长胜任力研究现状

20世纪60年代，美国将胜任特征研究引入教育领域。70年代后期，美国中学校长协会（NASSP）建立了校长胜任特征指标体系，并用它来指导校长选拔和职业发展工作。美国中小学校长胜任力是：（1）分析各种复杂问题；（2）判断力；（3）组织能力；（4）决断能力；（5）领导能力；（6）承受压力的能力；（7）口头表述能力；（8）书面表达能力；（9）及时了解他人的各种需要和所关心的问题；（10）有广泛的兴趣；（11）注意自我修养；（12）具有较成熟的教育思想，易于接受新思想、新观点。

起源于美国的胜任力研究后来传播到了英国和澳大利亚等国，在职业培训领域产生了很大的影响。英国1990年的督导报告指出：只有1/3的管理者达到特别有效水平，而2/3的管理者或者表现一般，或者表现很差。为了适应新的需要，国家加强了对学校管理者的评价、选拔和培训，并由此引发了对学校管理者胜任力的研究。20世纪90年代初，英国原牛津理工学院（Oxford Polytechnic）与中学校长协会（The Secondary Heads' Association）合作，成立了"国家教育评价中心"（The National Educational Assessment Center，简称NEAC）。该中心按本国模式开展了学校管理者胜任力研究，提出了一个包括四个方面12条特质的学校管理者胜任力模型。第一方面为日常管理，有四条特质：分析问题的能力、判断力、组织能力、决断力；第二方面为人际方面，有三条特质：领导力、敏锐性、意志力；第三方面为沟通，有两条特质：口头交流能力、书面交流能力；第四方面为个人广度，有三条特质：兴趣广泛、自我激励、明确的教育价值观。[①]

后来经过深入研究，该中心又在这一胜任力模型中加入了以下一些特质：（1）综合能力，包括创造性地解决问题、发散思维、企业家能力以及冒险精神。（2）发展意识，包括自我发展，即采取持续行动以促进个人能力的

[①] 张东娇、胡松林：《英、美中小学校长胜任特征模型对中国校长管理制度的启示》，《比较教育研究》2006年第4期。

发展；发展他人，即鉴定并提供机会促进他人发展；制度发展，包括从他人那儿接收并产生新思想的能力，理解并应对长期变化的能力等。(3) 教学领导能力，包括理解力、过程的经验以及教与学的技法；评价课堂教学表现的能力；有效地与师生一起工作，以及改进课堂教学效果的能力。(4) 边界管理意识，包括识别组织自身潜在的问题及机会的能力；明了政府和社会因素的含义，以及采取行动的能力；处理学校与政府关系的能力等。

20世纪80年代中后期，英国政府对管理者胜任力研究日益重视，并与职业标准化相结合，形成了具有英国特色的管理者胜任力研究模式。从20世纪80年代末开始，苏格兰校长协会开展了学校管理胜任力（The School Management Competences Project）研究，并于1992年发布了研究成果。该研究成果是一个学校管理标准体系（Standards for School Management），该标准体系对学校管理总的要求是创造、维持发展能使学生和教师取得有效学习的条件。标准体系包括四个方面，10项胜任力要求（Units of Competence）。第一个方面为政策管理，包括两项要求：评价、开发和展示学校的目标和政策，发展与学生、家长、职员、董事和社会的支持关系。第二个方面为学习管理，也包括两项要求：为支持学生的学习而开发各种手段，监控学习过程。第三个方面为人员管理，包括四项要求：补充、选拔教师，发展团队、个人，强化绩效意识，计划、分配和评价他人和自己的工作，维持有效的工作关系。第四个方面为资源管理，包括两项要求：确保资源有效分配，监控资源使用。该标准体系还给出了每项胜任力要求所包含的胜任力要素（Elements of Competence），以及每个胜任力要素所要达到的绩效指标（Performance Criteria）和测量范围（Range Statements），并就评估和测量每项胜任力指标时收集证据的范围和方式、方法作了具体的规定。这使得该标准体系的操作性更强。

英、美等国开发出两种胜任力模型模式，一是卓越模式，二是基准模式。两种模式并不矛盾，互相补充。美国模式关注的胜任特征标准是优秀管理者所需的能力和行为表现，研究成果更适合于指导管理者职业发展工作。英国模式关注的是管理者的任职资格，研究成果更适合于指导管理者选拔工作。①

Hay/McBer 公司（2000）研究了规模较小（学生数小于150）的小学校长胜任力模型、中等规模的小学校长胜任力和特殊学校的校长胜任力模型。三个模型有差异，如规模较小（学生数小于150）的小学校长胜任力模型包括5个胜任力群：个人价值观和自信（尊重他人、挑战与支持、信心），创造性观点（战略性思考、追求进取、创新性），计划性、监控和提升（分析性思维、创新性、变换的领导、团队工作、理解他人、发挥潜力），让员工尽职尽责（影响力、让员工尽责），获取信息和得到理解（理解环境、寻求信息）。但是，优秀校长共同的个人特质包括以下几个方面：战略性思考、挑战与支持、发挥潜力、追求进取、负责的、影响力、寻求信息、创新性、尊重他人、信心、分析性思维、团队工作、理解环境、变换的领导、理解他人。Hay/McBer 公司指出这些模型是动态模型，在某一个维度上的高水平不足以导致高绩效，这些特点必须共同起作用才可以。同时，这个研究通过主题分析发现不同学校的校长取得成功的道路是完全不同的。这就表明在这个模型特征群中，校长可以通过强化某一个特征取得成功，而不是在每一个具体的特点上都要表现很优秀。②

2009年，美国中小学校长联盟发布了优秀校长的六条评价标准，并提供了校长领导力专业发展的提高策略，2010年3月，美国联邦政府在《改革蓝图——〈初等与中等教育法〉的重新授权》（A Blueprint for Reform：The Reauthorization of the Elementary and Secondary Education Act，ESEA）中提出"为每所学校配备优秀校长"的政策宣言。欧洲等发达国家非常重视优秀中小学校长培养，2015年英国政府颁布《优秀校长国家标准》，实施优秀校长的"终身学习"计划。表明：越是发达国家，越是使优秀中小学校长成为具有较高学术水平并受过较长时期专门训练的职业。

---

① 张东娇、胡松林：《英、美中小学校长胜任特征模型对中国校长管理制度的启示》，《比较教育研究》2006年第4期。

② 刘维良：《校长胜任力研究与应用》，重庆大学出版社2014年版，第12—13页。

(三) 国内中小学校长胜任力研究现状

1. 文献甄别与研究进展

通过知网和万方两大文献数据知识服务平台，选取"高级检索"方式，检索式为：主题（"校长胜任力"）或含（"校长胜任特征"），收集知网、万方两大文献数据库有关中小校长胜任力研究的相关论文文献，并对检索到的所有文献逐一进行人工甄别，剔除内容为"大学""高职院校""成人学校""社区学校"等非中小学，以及虽然是中小学但核心概念为"校长教学领导胜任力""校长教学领导胜任力特征"等非综合性岗位胜任力的论文文献，最后获得国内中小学校长胜任力研究的学术论文文献57篇，其中：期刊论文35篇，博士学位论文3篇，硕士学位论文18篇，会议论文1篇。

我国中小学校长胜任力研究的学术论文起始于2006年，起始之年文献数量就高达4篇（期刊论文、硕士学位论文各2篇）；2008年论文呈爆发式增长，论文数量14篇（期刊论文9篇，博士学位论文2篇，硕士学位论文3篇），论文文献数量远远超越其他年份。从2009—2015年，中小学校长胜任力研究论文的数量保持相对稳定的发展态势，但2016年论文文献数量为零，成为论文文献数量唯一为零的年度（其他年度均不少于2篇），2017—2019年论文数量稳中有升，呈上升趋势。从2006—2019年，尽管个别年度的学术论文数量为零，但中小学校长胜任力研究一直是广大专家学者持续关注的热点领域，年均学术论文数量4篇，2019年的论文数量正好等于年度平均值。

2. 论文研究主题分析

为分析我国中小学校长胜任力模型研究的发展趋势，统计、整理、归类了学术论文研究主题内容。在甄别出的57篇论文中，围绕中小学"校长胜任力"和"校长胜任特征"这一研究对象，按照CNKI检索分类标准，经过数据平台文献检索和人工甄别，论文文献数量最多的5个主题词的文献分布情况见表1.1。

表 1.1 论文研究主题分布情况①

研究主题	校长胜任力	校长胜任特征	校长胜任特征模型	校长胜任力模型	教育工作者
论文数量（篇）	30	27	25	19	7
百分比（%）	52.6	47.4	43.9	33.3	12.3

从表 1.1 可以看出：中小学校长"胜任力"主题的论文数量最多达 30 篇（52.6%），中小学"校长胜任特征"主题的论文数量为 27 篇（47.4%），表明：国内在截至目前的中小学校长胜任力研究中，采用中小学"校长胜任力"和"校长胜任特征"这两个概念来定义"在学校管理中，能将高绩效、表现优秀的校长与一般校长区分开来的个体潜在行为特征"这一内涵的专家学者几乎各占一半，或许正是由于该原因，从 2006—2019 年，"校长胜任力"和"校长胜任特征"被很多专家学者视为同一概念②。

围绕中小学"校长胜任力"和"校长胜任特征"这一研究对象，专家学者们主要开展的是中小学"校长胜任特征模型"（占 43.9%）和"校长胜任力模型"（占 33.3%）主题研究，两者之和占 77.2%，表明：在截至目前的国内中小学校长胜任力研究中，主要开展的是"中小学校长胜任力模型"研究，亦即，研究担任中小校长这一特定任务角色所需要具备的胜任特征的总和。

3. 论文研究机构分析

在检索到的 57 篇中小学校长胜任力研究学术论文中，按第一作者单位统计，具有 2 篇以上论文的单位共计 9 个（详见表 1.2），其余 20 篇论文分属 20 个单位。论文作者机构统计数据表明：中小学校长胜任力研究获得了众多专家学者的关注，但 2/3 以上单位的作者是一次性关注，因此，在一定程度上造成了研究可持续发展的后劲不足等诸多问题。

---

① 浦丽娟、郑勤红、马韦伟、张静：《中小学校长胜任力模型学术论文的计量学分析研究》，《云南师范大学学报》（自然科学版）2020 年第 3 期。
② 张东娇：《基于胜任特征的校长遴选与培训体系》，《教育研究》2007 年第 1 期。

表1.2　　　　　　　　　论文研究机构分布情况①

机构	篇数	机构	篇数	机构	篇数
北京师范大学	9	北京教育学院	4	聊城大学	2
华南师范大学	9	西南大学	2	吉林省教育学院	2
华东师范大学	5	云南师范大学	2	齐齐哈尔医学院	2

由表1.2的论文文献数据可知，在中小学校长胜任力研究领域，学术论文数量位居前3位的机构分别是北京师范大学、华南师范大学、华东师范大学，北京师范大学和华东师范大学是国内心理学、教育学等学科建设和发展的领头羊，他们的学术论文文献数量位居前列，从某种程度上表明：中小学校长胜任力模型研究是我国心理学、教育学等学科关注的热点领域之一。另外，表1.2所列出的9个单位中，仅齐齐哈尔医学院属于非教师教育研究为主的机构，表明：截至目前，对于中小学校长胜任力模型研究这样一个涉及多学科交叉的研究领域，文理学科深度交叉研究仍然非常有限。

4. 论文作者分析

在检索到的57篇学术论文文献中，按第一作者统计，具有2篇以上论文的作者共计7人（详见表1.3），其余40篇论文的第一作者分属40位不同的作者。根据文献计量学的普赖斯理论，计算核心作者的公式为：$M = 0.749\sqrt{N_{max}}$（式中：M 为核心作者最低发文数，N_{max} 为发文数量最多的作者的发文数），由表1.3可知，发文数最多的作者论文数为4篇（$N_{max} = 4$），由此可计算出核心作者的最低发文数 $M = 1.498$，因此，界定发文2篇以上的作者为核心作者，据此，表1.3中的7位作者均为核心作者。论文作者统计数据表明：一方面，在中小学校长胜任力研究领域，已经拥有一定数量的核心作者；但另一方面，核心作者的数量和核心作者发表论文的数量都非常有限，长期持续坚持该主题研究的作者数量相对较少，没有形

---

① 浦丽娟、郑勤红、马韦伟、张静：《中小学校长胜任力模型学术论文的计量学分析研究》，《云南师范大学学报》（自然科学版）2020年第3期。

成稳定的研究队伍,这或许正是造成截至目前,在国内中小学校长胜任力研究学术论文中,"校长胜任力"和"校长胜任特征"这两个概念都未能统一为一个概念的主要原因之一。

表1.3　　　　　　　　　论文作者分布情况①

作者	单位	篇数	作者	单位	篇数
刘维良	北京教育学院	4	刘晓瑜	华南师范大学	2
戴　瑜	华东师范大学	3	王　帅	吉林省教育学院	2
张东娇	北京师范大学	2	牛振海	齐齐哈尔医学院	2
林天伦	华南师范大学	2			

5. 博士硕士学位论文的学科和研究主题分析

在检索到的57篇论文文献中,博士学位论文3篇,硕士学位论文18篇,博士硕士学位论文占文献总数的36.8%,21篇博士硕士学位论文所属学科分布见表1.4。

表1.4　　　　　博士硕士学位论文的学科分布

学科专业	公共管理学	心理学	教育学
论文数(篇)	10	7	4
百分比(%)	47.6	33.3	19.1

博士硕士学位论文所属学科在一定程度上反映了博士硕士研究生指导教师们的学科研究视角和正在进行研究的方向。由文献统计数据表1.4可知,约50%的导师属于公共管理学科,心理学和教育学两个学科的教师约占50%,表明:截至目前,广大专家学者主要是从公共管理和心理学的学科视角开展中小学校长胜任力研究,对于中小学校长这一特定教育管理岗位,从

---

① 浦丽娟、郑勤红、马韦伟、张静:《中小学校长胜任力模型学术论文的计量学分析研究》,《云南师范大学学报》(自然科学版)2020年第3期。

教育学的视角开展研究的相对较少，从其他学科视角开展研究的可能更少。

通过内容摘录等方式，分析研究了21篇博士硕士学位论文的主要研究内容和研究方法，文献分析统计结果：21篇博士硕士学位论文都是通过行为事件访谈法（BEI）或/和关键事件访谈法（STAR）或/和360度深度访谈法或/和问卷调查法等实证研究方法开展中小学校长胜任力研究，都提炼出了特定区域的中小学（或中学或小学）校长胜任力模型（或校长胜任特征模型），换言之，中小学校长胜任力模型构建是所有博士硕士学位论文的主要内容，中小学校长胜任力模型研究是21篇博硕士学位论文共同的主题。

另外，在36篇期刊论文和会议论文中，有16篇论文的研究主题是中小学校长胜任力模型实证研究，所以在57篇论文文献中，共有37篇（占文献总数的64.9%）为中小学校长胜任力模型实证研究，因此，中小学校长胜任力模型实证研究是过去十多年间，国内中小学校长胜任力研究的重点方向。

6. 中小学校长胜任力模型研究

将胜任力理论移植到我国中小学校长开展胜任特征研究仅有十多年的历史[①]，学者们采用行为事件访谈法、焦点团体访谈法、360度深度访谈法、问卷调查法、文本分析法等实证研究方法，对国内特定地区的中小学校长开展校长胜任力模型构建研究，但一直未建立起类似于英美等国的全国性中小学校长胜任力模型[②]。

缘此，学者刘莉莉利用中文文献检索筛选出14篇实证研究文献样本开展元分析，构建中小学校长胜任力通用模型；但刘莉莉所筛选出的14篇文献样本中，由于专家学者们的研究对象和研究方法不同，所以，14篇实证研究文献样本的研究结果并不属于同一种类型的胜任力模型，根据胜任力理论，14篇文献样本的研究结论可细分归类为卓越模型、基准模型、通用模型三种类型；同时，多项实证研究成果文献或许是由于检索数据库原因而未进

[①] 林天伦、陈思：《我国中小学校长胜任力研究述评》，《教育科学研究》2012年第6期；王清平、谢亚萍：《我国中小学校长胜任特征研究述评》，《教育导刊》2019年第6期。
[②] 刘莉莉：《中小学校长胜任特征的元分析研究》，《华东师范大学学报》（教育科学版）2015年第4期。

入文献样本。另外，通用模型的概念虽然已经出现在不少文献中①，但迄今未见相关概念定义；部分研究将卓越模型与基准模型混为一谈，研究对象、研究方法、研究结果等有待辨析和整合。据此，全面地梳理和辨析中小学校长胜任力模型的概念内涵、研究方法，以及对中小学校长胜任力模型相关实证研究成果进行全面分析、甄别和分类意义重大。在对相关文献进行筛选、甄别归类模型类型的基础上，运用元分析方法和统计学理论，分别提取出中小学校长胜任力卓越模型、基准模型、通用模型的胜任特征。

卓越模型包含8项胜任特征：领导力、影响力、问题分析、成就导向、创新性、自我控制、自信、战略思考；基准模型包含13项胜任特征：培养他人、关系建立、领导力、创新性、沟通能力、问题分析、成就导向、专业素养、人际敏感、影响力、责任心、灵活性、诚实正直；通用模型包含18项胜任特征：成就导向、影响力、领导力、关系建立、专业素养、创新性、问题分析、自我控制、使命感、培养他人、团队合作、责任心、自信、自我提高、人际敏感、战略思考、主动性、沟通能力。

7. 基于胜任力的中小学校长培训、遴选研究

理论研究的目的是指导实践。通过中国知网数据库检索到将中小学校长胜任特征进行实践运用的研究不多，正如有学者所言②："当前我国的校长胜任力研究尚处于探索阶段，对其应用及发展的研究较少"。检索到"题名"含"胜任力""中学"或"小学"或"中小学""校长培训"或"校长遴选"等的论文仅6篇、学位论文3篇，将其研究内容按时间先后顺序梳理如下：

张东娇③提出基于胜任特征的校长遴选体系包括遴选标准、遴选标准的提炼、遴选流程、遴选技术等要素，基于胜任特征的校长培训体系包括培训需求分析、培训课程规划、培训行为设计和培训效果评估等要素。

---

① 张东娇：《基于胜任特征的校长遴选与培训体系》，《教育研究》2007年第1期。
② 安晓敏、任晓玲：《英国NEAC中小学校长胜任力研究及对我国的启示》，《外国中小学教育》2015年第1期。
③ 张东娇：《基于胜任特征的校长遴选与培训体系》，《教育研究》2007年第1期。

朱广清[①]针对校长培训面临实效性难以有效持续的困境，提出对校长胜任力缺口有针对性地进行加强，主要提出三大策略：一是需求评估，以寻找胜任力缺口；二是学习模式，强调重视校长的经验学习；三是培训评估，绩效改善，作为评估培训的导向，在此引入美国培训与发展协会（ASTD）前任主席柯克帕特里克的"四阶层评估模型"，以此作为对校长胜任力培训提升后的效果测评，建立培训—评估—反馈—改善的分析框架。

谭丽娟[②]拟通过胜任力模型中所强调的"组织发展—职位满足—个人成长"这一主线，构建中小学校长岗位培训的胜任力模型，改进中小学校长岗位培训需求分析、培训设计开发、培训实施转化、培训效果评估等各个环节，重塑中小学校长岗位培训体系，提升中小学培训工作的有效性、科学性。

李敏[③]提出以《专业标准》为指引，实施中小学校长胜任力培训，基于胜任力模型的校长培训，可通过需求评估—"缺口"分析和计划—培训组织—培训评估四个步骤来实现。

陈晨明[④]从岗位胜任力模型出发，从内容和层级两个方面对中小学校长培训课程体系进行剖析，并运用经验学习圈理论，探讨课程实施的有效路径和方法。

王双玲[⑤]以人力资源管理中著名的"冰山理论"为基础，深入分析了教育家校长的胜任特征。并针对我国校长培训存在忽视校长发展脉络、缺少鉴别性胜任特征、抑制校长培训主动性和制约教育家校长内涵评估等问题，提出需要采取构建教育家校长胜任特征模型、建立教育家校长

---

① 朱广清：《基于胜任力的中小学校长培训策略》，《中小学教师培训》2010年第5期。
② 谭丽娟：《基于胜任力的中小学校长岗位培训体系研究》，硕士学位论文，广西师范学院，2011年。
③ 李敏：《专业标准指引下的中小学校长胜任力培训》，《全球教育展望》2013年第9期。
④ 陈晨明：《基于岗位胜任能力的中小学校长培训课程体系构建与实施路径的研究》，《高教论坛》2016年第6期。
⑤ 王双玲：《基于冰山模型的教育家校长培训研究》，《高等继续教育学报》2017年第4期。

培训档案、共享教育家校长专业发展和规划教育家校长培训体系等措施，推动校长成长。

陈燕明[①]基于胜任力的理论，通过行为事件访谈（BEI），详细记录受访校长对自己过去职业活动中发生的特定事件进行详细描述，挖掘行为当事人的胜任力特征，建立高中校长胜任力模型。在对七所完全中学校长培训进行调查的基础上，深入讨论了基于胜任力的高中校长培训体系。

宋亚莉[②]针对小学校长培训过程中遇到的困境，结合对小学校长培训的胜任力模型研究，提出胜任力模型背景下的长期有效的小学校长培训策略：一是制定小学校长的培训评估需求指标；二是制定小学校长个性化培养方案；三是胜任力模型和培训策略的配合实施。

王小节[③]在对胜任力需求分析基础上编制调查工具，对小学校长的培训实施调查，继而提出小学校长培训的改进策略，一是要实施小学校长培训的供给侧结构性改革；二是要应当将胜任力需求作为培训的出发点和落脚点；三是要分层次差异化构建小学校长培训体系。

综上，对中小学校长进行教育培训，持续提升校长的专业化发展水平，已成为世界教育发展的共识。发达国家在中小学校长培训方面的成功经验，如培训过程有法可依、培训体系分层分类、专业标准趋向综合、培训内容注重实用、培训实施独具特色、培训方式独特多样、培训考核注重实效等值得借鉴。研究和探讨发达国家中小学校长培训的经验与做法，特别是在遴选培养对象、优化培训师资、精选培训内容、创新培训模式等方面，对提升我国中小学校长培训质量具有借鉴意义[④]。

---

① 陈燕明：《基于胜任力理论的高中校长培训体系研究》，硕士学位论文，广州大学，2018年，第38页。

② 宋亚莉：《基于胜任力模型的小学校长培训策略研究》，《教育界（基础教育）》2018年第3期。

③ 王小节：《基于胜任力需求的小学校长培训研究》，硕士学位论文，聊城大学，2020年，第48页。

④ 关松林：《发达国家中小学校长培训的经验及其借鉴》，《教育研究》2017年第12期。

8. 基于胜任力模型的校长测评工具研究

梳理已有文献的研究内容，仅有 3 篇学术论文探索基于胜任力模型的校长测试工具研究。多数研究者止步于校长胜任力模型的建构，中小学校长胜任力的调查与提升策略研究薄弱，调查分析中小学校长胜任力现状并制定胜任力提升策略意义重大。

张爱华[①]从胜任特征理论出发，以北京市东城区为个案，运用行为事件访谈法、问卷法、半开放性访谈等方法，初步构建了普通中小学正职校长初级及核心胜任特征模型，并开发出基于胜任特征模型的校长测评工具，尝试为中小学校长的选拔提供一种新的思路和方法。

胡标[②]引入了胜任特征的概念，探索县域及以下中小学校长的胜任特征，构建中小学校长的胜任特征模型。通过中小学校长胜任特征问卷，对湖北、湖南和河南三地的县域及以下中小学校长的胜任特征进行测评，了解目前中小学校长胜任特征的现状。

任锋[③]在文献分析的基础上，结合小学校长行为事件访谈资料，采用焦点团体访谈法确立小学校长胜任力特征与维度。自编小学校长胜任力调查工具，用于小学校长胜任力现状调查。基于对小学校长胜任力差异影响因素的分析，分别从宏观规划、中观实施和微观自我提升三个层面制定提升策略。

三 文献述评

中小学校长胜任力研究是一个涉及公共管理学、心理学、教育学多学科交叉的研究领域。从第一部分胜任力相关研究的文献梳理可看出，胜任力研究源于美国，国外已构建了各级各类行业丰富的管理人员模型、专业

---

① 张爱华：《普通中小学正职校长核心胜任特征模型构建及测评工具开发》，硕士学位论文，北京师范大学，2008 年，第 67—68 页。

② 胡标：《县域及以下中小学校长工作胜任特征研究》，硕士学位论文，华中科技大学，2011 年，第 61—62 页。

③ 任锋：《小学校长胜任力现状调查研究》，硕士学位论文，聊城大学，2019 年，第 59—61 页。

人员模型、企业家模型、销售人员模型等,并且具备了广泛的实践基础,积累了较熟悉的操作经验。胜任力模型被引入中国的时间还不是很长,特别是引用到教育领域的时间更晚,因此还有待于理论体系、研究工具的进一步完善,对实践的检验和加强其模型的应用价值。对于我国中小学校长胜任力研究情况述评如下:

第一,我国学者对校长胜任力模型的研究大部分以某一特定区域的校长为研究对象的实证研究,这也说明了校长胜任力的地域差异性,体现出我国校长胜任力特殊性的一面,但对其共性目前涉及较少,表现为至今还未建立起类似英美等国的全国性校长胜任力通用模型。并且将小学校长和中学校长作为一个整体进行研究相对较少,仅戴瑜[①]开展了《中小学校长胜任力研究——以宁波为例》、陈艳[②]开展了《中小学校长胜任力研究——以苏北中小学校长为例》,除此之外,未见其他报道。

第二,开展调查研究的样本数量有限,刘维良[③]开展《基于胜任力模型的中小学校长基准模式和卓越模式研究》中小学校长的样本各仅有22人、40人,戴瑜[④]开展《中小学校长胜任力研究——以宁波为例》样本数量仅24人,陈艳[⑤]开展《中小学校长胜任力研究——以苏北中小学校长为例》样本数量相对较大但也仅200人;蓝晓霞[⑥]开展《广西少数民族地区中学校长胜任力模型研究》样本数量70人,李丽娜[⑦]开展《中

[①] 戴瑜:《中小学校长胜任力研究——以宁波为例》,博士学位论文,华东师范大学,2008年,第40页。
[②] 陈艳:《中小学校长胜任力研究——以苏北中小学校长为例》,《教育学术月刊》2010年第3期。
[③] 刘维良:《基于胜任力模型的中小学校长基准模式和卓越模式研究》,《北京教育学院学报》2012年第1期。
[④] 戴瑜:《中小学校长胜任力研究——以宁波为例》,博士学位论文,华东师范大学,2008年,第44页。
[⑤] 陈艳:《中小学校长胜任力研究——以苏北中小学校长为例》,《教育学术月刊》2010年第3期。
[⑥] 蓝晓霞:《广西少数民族地区中学校长胜任力模型研究》,硕士学位论文,广西大学,2008年,第33页。
[⑦] 李丽娜:《中学校长胜任特征实证研究》,硕士学位论文,云南师范大学,2006年,第16页。

学校长胜任特征实证研究》样本数量 101 人，黄性辉①开展《烟台市牟平区小学校长胜任力提升策略研究》样本数量仅 8 人，样本数量都非常有限，因此，从统计学的视角审视，所开展的胜任特征分析需要进行更多检验和验证。

第三，当前有关校长胜任力的研究，在胜任力要素的确定上，比较求全，面面俱到，最多是王帅②提出的 35 个胜任特征，大部分研究都是在 16 个胜任特征之上。尽管胜任力要素多具有全面的优点，但如此多的评价维度反而可能导致鉴别力的降低，很难区分胜任力，也不易形成方向性的把握。从而降低胜任力模型的效度以及胜任力应用的可操作性。

第四，国内开展中小学校长胜任力研究仅有十多年的历史，但一直是被持续关注的热点课题；拥有一定数量的核心作者，但核心作者的数量和核心作者发表论文的数量都非常有限，大部分作者为一次性关注，造成了研究可持续发展的后劲不足。对中小学校长胜任特征要素的部分核心概念缺乏深入持久的内涵思考和辨析，这或许正是造成了我国中小学校长胜任力模型要素概念的不统一，至今都未建立起类似英美等国的全国性中小学校长胜任力通用模型的主要原因之一③；另外一个主要原因是，研究工作长期停留在专家学者们的自由学术探索层面，缺乏行政机构或学术机构的有效引导和推动。④

第五，在过去的十多年间，针对特定区域的中小学（或中学或小学），运用行为事件访谈法（BEI）或/和关键事件访谈法（STAR）或/和 360 度深度访谈法或/和问卷调查法等实证研究方法开展中小学校长胜任力模型研究是国内中小学校长胜任力研究的重点方向，论文文献数量

---

① 黄性辉：《烟台市牟平区小学校长胜任力提升策略研究》，硕士学位论文，大连海事大学，2018 年，第 27 页。
② 王帅：《中学名校校长胜任特征研究》，《教育学术月刊》2017 年第 7 期。
③ 王清平、谢亚萍：《我国中小学校长胜任特征研究述评》，《教育导刊》2019 年第 6 期；林天伦、陈思：《我国中小学校长胜任力研究述评》，《教育科学研究》2012 年第 6 期；刘莉莉：《中小学校长胜任特征的元分析研究》，《华东师范大学学报》（教育科学版）2015 年第 4 期。
④ 浦丽娟、郑勤红、马韦伟、张静：《中小学校长胜任力模型学术论文的计量学分析研究》，《云南师范大学学报》（自然科学版）2020 年第 3 期。

占文献总数的 64.9%，但对相关测评量表的开发研究较少，① 更多止步于胜任力模型的构建。因此，对我国中小学校长选拔、培训、专业发展的实践指导作用有限。

第六，在有关中小学校长胜任力研究中，主要采用行为事件访谈法（BEI）或关键事件访谈法来构建胜任力模型。行为事件访谈法（BEI）作为一种定性和定量研究结合的方法具有诸多优点，比如能够鉴别优秀校长和一般校长的胜任力差异，访谈中获得的校长行为描述内容具有较强的现实功用等，但是 BEI 也具有明显的缺陷：对访谈人的访谈技术、编码技术、对文本的量化分析等专业性有较高要求；工作量巨大，需要一个团队的支持；因为费时，样本量受到严格限制，样本的代表性受限；在访谈过程或整理访谈记录时易受主观意愿的影响而有失客观；无法提取通用性胜任力等。问卷调查则是大样本验证模型信效度的较好方法。

第七，已有的校长胜任力研究大多是采用行为事件访谈法对校长本人进行关于其履职情况的访谈，没有对与校长有直接工作关系的上级、同行、下属等周围的人进行访谈，访谈对象单一，不利于全面地、全方位地搜集关于校长的数据，对校长胜任力的衡量缺少广泛性、全面性。

第四节　核心概念与理论基础

一　核心概念

（一）胜任力

胜任力概念 1973 年由美国哈佛大学的麦克勒兰德教授首次提出，他认为胜任力与工作绩效、任务情景有密切的关系，具有动态性等特征，在随后的研究中其内涵不断获得丰富和发展。在本书的文献综述部分，梳理和

---

① 浦丽娟、郑勤红、马韦伟、张静：《中小学校长胜任力模型学术论文的计量学分析研究》，《云南师范大学学报》（自然科学版）2020 年第 3 期。

罗列了相关文献中出现的具有代表性的胜任力定义。虽然理论研究对胜任力概念的界定差异很大，但共性在于胜任力被定义为确保产生绩效的多种能力，指与一定的工作情景相联系的、按照一定的绩效指标能够区分优劣，并可以通过培训加以改善和提高的个人潜在的、持久的特征，包括知识、技能、能力、特质、态度、动机和行为等多个方面。国内学者以及应用胜任力的管理者更多地倾向于使用麦克勒兰德、史班瑟的定义。因此，本书将胜任力定义为：能把某职位中，表现优异者与表现平平者区分开来的个体潜在的、较为持久的行为特征。综合分析研读国内现有胜任力研究成果："胜任力"和"胜任特征"可视为同一概念；①"胜任力要素"与"胜任特征要素"也是同一概念。②

（二）中小学校长胜任力

胜任力概念1973年由美国哈佛大学的麦克勒兰德教授首次提出，校长胜任力则是从校长这一特定角色来探讨校长的优质特征。从胜任力视角研究中小学校长，学者们对中小学校长胜任力的定义略有差异。梳理分析国内胜任力研究成果发现，国内学者对中小学校长胜任力概念的定义大多参考和借鉴了麦克勒兰德和史班瑟等国外学者的观点和概念表述，李敏③、刘维良等④、戴瑜⑤、刘国胜等⑥和林天伦等⑦国内代表性学者对中小学校长胜任力的概念定义虽然不尽相同，但其本质都是指向中小学校长岗位上显性的和隐性的可区分的特征，即校长个人内隐的特质和外显的行为特征，这些特质和特征是可观察的和能测量的，校长的这些特

---

① 郑勤红、浦丽娟、张静、马韦伟：《基于文献挖掘的中小学校长胜任力结构要素分析与述评》，《云南师范大学学报》（自然科学版）2022年第1期。
② 赵忠君、邱宇涵、张伟伟：《高校思政辅导员胜任力构成要素分析》，《黑龙江高教研究》2021年第9期。
③ 李敏：《专业标准指引下的中小学校长胜任力培训》，《全球教育展望》2013年第9期。
④ 刘维良、赵亚男、钟祖荣：《北京市中学校长胜任力模型研究》，《中小学管理》2007年第12期。
⑤ 戴瑜：《中小学校长胜任力研究——以宁波为例》，博士学位论文，华东师范大学，2008年，第34页。
⑥ 刘国胜、曾珍香：《中小学校长胜任力模型研究》，《当代教育科学》2009年第22期。
⑦ 林天伦、陈思：《中小学校长胜任力结构要素及其解读》，《教育科学研究》2013年第4期。

质和特征称为胜任特征。①

基于中小学校长胜任力相关文献研究，从本书的研究逻辑、思路及方法出发，将"中小学校长胜任力"定义为：将中小学校长岗位上卓越表现者和（或）合格表现者区分开来的个体"潜在特质"和"显性行为"特征。这些特征与校长取得卓越和（或）合格的工作绩效具有因果关系，这些特征是可观察的、能测度的，工作绩效是判断胜任特征的重要指标。②

（三）中小学校长胜任力模型

对于某一个体而言，中小学校长胜任力要素或胜任特征要素是构成中小学校长胜任力模型的基本元素，中小学校长胜任力模型是担任中小学校长这一特定任务角色所需要具备的胜任特征的总和，包括基准胜任特征和鉴别性胜任特征。"中小学校长胜任力模型"和"中小学校长胜任特征模型"可视为同一概念。③

二 理论基础

（一）麦克勒兰德—冰山模型理论

胜任力（competence）的概念是由美国心理学家麦克勒兰德首先提出的。麦克勒兰德对于胜任力的研究做出了开创性的贡献。1973年，麦克勒兰德发表一篇题为《测量胜任特征而不是智力》④的文章，引发了一场革命，被称为胜任力运动（Competency Movement）。他在该文中指出，学校成绩、智力、能力倾向测验不能预测职业或生活成就，应该用胜任力特征

---

① 郑勤红、浦丽娟、张静、马韦伟：《基于文献挖掘的中小学校长胜任力结构要素分析与述评》，《云南师范大学学报》（自然科学版）2022年第1期。
② Boyatzis R. E., *The Competent Manager: A Model for Effective Performance*, New York, NY: John Wiley and Sons, 1982: 192；[美]莱尔·史班瑟等：《才能评鉴法：建立卓越的绩效模式》，魏梅金译，汕头大学出版社2003年版，第20—21页。
③ 刘维良：《基于胜任力模型的中小学校长基准模式和卓越模式研究》，《北京教育学院学报》2012年第2期。
④ McClelland D. C., "Testing for Competence rather than for 'Intelligence'", Journal of American Psychologist, Vol. 28, No. 1, 1973, pp. 1–14.

测试替代它们。他认为，单凭学术能力倾向测验以及以知识为内容的测验并不能预测工作中的高绩效和在生活中取得成功，而一些个人特征和胜任力可以鉴别高绩效者。他认为，那些在工作中取得优秀业绩者之所以卓尔不群，不是因为学习能力，而是因为具有自我约束、主动性、人际沟通、团队协作等若干胜任力。[1] 麦克勒兰德首次从品质和能力层面论证了个体与岗位工作绩效的关系。[2] 他认为可以用个体的态度、价值观和自我形象、动机和特质等潜在的深层次特征，将某一工作（或组织、文化）中表现优秀者和表现一般者区分开来。这些区别特征后来被称作胜任力，而胜任力是决定工作绩效的持久品质和特征。

在此基础上，麦克勒兰德提出了著名的胜任力模型，即"冰山模型"（见本书第20页图1.1）。

由图看出，"水面上"的知识和技能是个体外在的容易了解与测量的部分，相对容易观察和评价，而在"水面下"的其他特质，包括社会角色、自我概念、特质和动机是看不到的，必须通过具体的行动加以推测。"水面下"的部分是人员内隐的、难以测量的部分，不易通过外界的影响而改变，但却是决定人们行为及表现的关键性因素。冰山模型可以划分为两大部分：水面上的冰山部分（知识和技能），即基准性胜任特征（Threshold Competence）。这只是对胜任者基础素质的要求，不能把表现优异者与表现平平者区别开来；水面下的冰山部分（社会角色、自我概念、特质和动机）的胜任特征，称为鉴别性胜任特征（Differentiating Competence），是区分表现优异者与表现平平者的关键因素。这是"冰山理论"的核心内容，也是本研究的理论基础。

模型中胜任力的内容包括以下几方面：[3]

（1）特质（Traits）。特质是指一个人的心理特征及典型的行为方式，

---

[1] 林立杰：《高校教师胜任力研究与应用》，中国物资出版社2010年版，第8—9页。

[2] McClelland D. C., "Testing for Competence rather than for 'Intelligence'", Journal of American Psychologist, Vol. 28, No. 1, 1973, pp. 1–14.

[3] 陈万思：《知识员工胜任力：理论与实践》，上海财经大学出版社2007年版，第34—35页。

或者身体的特性及拥有对情境或信息的持续反应。

（2）动机（Motives）。动机是决定一个人外显行为自然而稳定的思想。具体而言，是指一个人对某种事物持续渴望，进而付诸行动的念头。一位具有强烈成就动机的人，会一直不断地为自己一次又一次设定具有挑战性的目标，并且持之以恒地完成，同时通过反馈机制不断改善行为。

（3）自我概念（Self-image）。自我概念包括态度（attitude）和价值观（value），是指对自己身份的认识或知觉。如果深信自己在任何状况下，都可以有效率地工作，那么可以说是个人对自我概念的认定，即自信。

（4）社会角色（Social-role）。社会角色是指一个人在他人面前想表现出的形象。人们承担的工作任务不同，社会角色就可能不同；还可能同时承担多个角色负责多项工作。

（5）知识（Knowledge）。知识通常是指对某一职业领域有用信息的组织和利用。因为许多知识测试的焦点集中于机械记忆，而不是能否活用知识，所以常常无法与实际工作绩效建立紧密联系。

（6）技能（Skill）。技能一般是指执行有形或无形任务的能力。例如，一位电焊技师能够以熟练的技巧完成高难度任务；打字员可以每分钟打出一定数量的汉字。

麦克勒兰德总结了以下五点：

（1）了解绩效的最好途径是观察人们实际上做了什么而取得成功（即胜任力），而不是依靠基于智力之类的潜在特质和特性的假定。

（2）测量和预测绩效最好的办法是让人们表现出你想要测量的胜任力的关键方面，而不是实施一个测验来评估潜在的特质和特性。

（3）胜任力是可以学习和发展的，与此相反，特质和特性是遗传获得的，并且很难改变。

（4）胜任力是可见的、可理解的，人们可以理解并发展出达到绩效所必需的胜任力水平。

（5）胜任力和有意义的生活结果联系在一起，这些有意义的生活结果描述了人们在现实世界里一定会表现的方式,而绝非只有心理学家才能理解的深奥的心理特质或构造。

自从麦克勒兰德提出胜任力概念后,研究者从不同角度进一步提出了胜任力的不同定义,但这些定义都是在麦克勒兰德对胜任力的看法的基础上提出的,其本质都强调工作情境中员工的动机、价值观、个性或态度、技能、知识等特征。从中能看出胜任力的三个重要特征:①与工作绩效有密切的关系,甚至可以预测员工未来的工作绩效;②与任务情境相联系,具有动态性;③能够区分绩优者与一般者。①

(二) 冰山模型胜任力理论对本研究的启示和意义

冰山模型胜任力理论为知识经济时代人力资源管理提供了新的思路和视角,人力资源管理从基于岗位(工作)的传统人力资源管理向基于胜任力的人力资源管理转变。这种以个人的胜任力为基础的人力资源管理,能让组织或团队构建自身不可模仿的核心竞争力。对本研究的启示和意义主要体现在以下几方面:

1. 从基于岗位职责过渡到基于胜任力的评价导向

传统的人力资源管理通过岗位分析来确定各岗位的工作职责及任职要求等,进而连结起人力资源管理的各个模块。而基于胜任力的人力资源管理体系的基础工具则是胜任力模型。以岗位为基础的人力资源管理,其优点在于对各项岗位要素有明确、清晰的规定,从而构成能有效联系人力资源管理各职能模块的纽带,为整个人力资源管理体系提供理性基础。但这种体系讲究的基本上是"以岗定人",忽视了人的能动性,是一种静态的模式,缺乏灵活性。而基于胜任力平台的人力资源管理体系的最大优势在于,能符合组织动态发展性的要求,组织可以根据组织结构的调整、工作活动的安排,对员工的工作进行灵活地调整,充分体现出"以人为本"的

---

① 黄勋敬:《赢在胜任力:基于胜任力的新型人力资源管理体系》,北京邮电大学出版社2007年版,第9页。

管理思想。①

从根本上来讲，胜任力模型和岗位分析共同构成人力资源管理体系建设的两个基础性工作，两者之间相互补充，可以相互借鉴。② 岗位分析法缺乏系统思考与整体思维，缺乏对战略、组织、流程的整体适应能力，而胜任力模型恰好可以充当工具来弥补该方面的缺陷。当然，就人力资源管理而言，胜任力模型还不能取代岗位分析在其中的基础职能作用，胜任力模型本身的建立过程从岗位定义阶段到提出绩效标准，乃至确定效标样本，都是以岗位说明书为核心内容。虽然胜任力模型无法取代岗位分析的基础职能作用，但胜任力模型弥补了岗位分析仅仅关注岗位本身的缺陷，转而关注岗位对人的内在要求，从而能更适合组织动态发展性的要求。相对岗位分析，胜任力模型更适合作为人力资源管理的平台。

2. 从注重外显特征到外显、内隐综合特征的全面评价

传统的人力资源管理较为注重冰山模型以上部分外显的人员特征，从某一个角度来考察人员特征，如人员心理测评知识测评等，这与达到"人尽其才"的目标还有差距。显然以知识、技能为基础的传统人力资源管理已不能完全满足现代管理的要求。基于对人员进行全面的、从外显特征到内隐特征综合评价的胜任力分析方法可担此重任——有效针对岗位要求鉴别人员各层次的胜任力，特别是深层次的、内隐特征的胜任力分析法可以成为新时代人力资源管理的新基点。因此，本研究通过文献分析、比较研究、元分析、问卷调查、量化分析等，运用360度反馈法、大样本调查，分析与提炼中小学校长这一特定任务角色所需要具备的外显和内隐胜任特征的总和，构建与验证中小学校长胜任力模型。

---

① 黄勋敬：《赢在胜任力：基于胜任力的新型人力资源管理体系》，北京邮电大学出版社2007年版，第23页。
② 黄勋敬：《赢在胜任力：基于胜任力的新型人力资源管理体系》，北京邮电大学出版社2007年版，第24页。

3. 为人力资源管理提供了一个共同的参照标准

胜任力既是与工作绩效相关的个体特征，也是一个比较务实的人力资源管理思路，因为在实际的人力资源管理中，通常不只考虑个体单方面的特征，而是需要综合地判断个体特征，可以考察哪些个体特征的组合能更好地预测工作绩效。胜任力模型可以有效利用到人力资源管理的各个环节，如人员选拔、绩效管理、继任管理等，这些环节整体是一个动态的管理过程。每一个环节具有不同的业务内容与方法，而胜任力模型能清楚地描述胜任某类工作或岗位的胜任力，借助于胜任力模型，能使其他人力资源管理工作获得有效的支撑。进一步影响到职务分析、人员选拔、培训发展、个人职业生涯设计等工作环节，使人力资源管理进一步趋向整合。本研究通过对中小学校长胜任力的研究，构建中小学校长胜任力模型，目的就是能为新时代中小学校长招聘、选拔、培训、评价、考核等提供科学参考依据。

鉴于此，从胜任力的视角来研究中小学校长，具有以下几个方面的优势：①

（1）胜任力取向的中小学校长管理体系与学校战略目标紧密联系，强调与学校的长期匹配，而不是与岗位的长期匹配，从而能够有效服务于学校规划与发展。

（2）胜任力取向的人力资源管理体系更加着眼于优秀绩效，注重提升学校的整体教育水平。传统的人力资源管理着眼点是校长达到工作资格要求，而基于胜任力的学校人力资源管理着眼点是校长取得优秀业绩的标准。

（3）胜任力取向的学校人力资源管理体系强调优秀校长的关键胜任特征，注重怎样完成任务，而不是完成什么。

（4）胜任力取向的学校人力资源管理体系除了寻求岗位之间在胜任力要求上的差异外，它更注重寻找岗位、职务系列之间在胜任力要求上的相

---

① 黄勋敬：《赢在胜任力：基于胜任力的新型人力资源管理体系》，北京邮电大学出版社2007年版，第1—2页。

似点。

（5）胜任力取向的人力资源管理体系具有较高的表面效度，更易被任职者接受。即它是从优秀校长的关键胜任特征出发来确认岗位要求，把校长的行为、精神体现在胜任力要求的描述上，这样使得校长能够在胜任力要求描述中看到差距，进而接受有针对性的培养或培训，合理规划职业生涯。

第五节　研究内容与研究方法

一　研究内容

围绕"如何构建及应用云南省中小学校长胜任力模型"这个核心问题，主要开展了以下七个方面的研究：

（一）中小学校长胜任力的理论梳理及概念界定

系统梳理国内外中小学校长胜任力及应用研究的相关文献资料，厘清中小学校长胜任力研究历程及现状，界定本研究的核心概念，确定本研究的逻辑起点及理论基础。这一部分是本研究的理论基石，对应论文的第一章。

（二）中小学校长胜任力要素研究

通过文献挖掘、元分析方法和统计学原理，对我国中小学校长胜任力模型的研究成果进行全面分析、甄别和分类。结合胜任力词典，辨析各文献样本的胜任特征概念定义，整合概念定义相同或相近的胜任力要素，对文献样本中概念定义相同或非常相近的胜任力要素统一命名，提取中小学校长胜任力要素，并进行要素概念界定。这一部分对应论文的第二章。

（三）中小学校长胜任力假设模型的构建

基于多维视觉，运用360度反馈技术，通过大样本问卷测量，以云南省各州（市）教体局、中小学校长及学校各类人员为研究对象，获取具有广泛代表性的调查数据，进一步提炼出中小学校长的胜任特征，初步建立云南省中小学校长胜任力的假设模型。这一部分对应论文的第三章。

（四）中小学校长胜任力模型的修正与构建

编制中小学校长胜任力调查量表，以参加云南省"万名校长培训计划"项目的学员及云南省各州（市）的中小学校长为研究对象，开展预测试和大样本测试，检验量表的信度和效度，运用验证性因素分析方法，不断修订量表项目，用实证的方法修正与构建云南省中小学校长胜任力模型。这一部分对应论文的第四章。

（五）中小学校长胜任力模型的验证

以上级教体局领导对校长绩效评价为标准，检验上一阶段构建的中小学校长胜任力模型的胜任力维度是否能显著区分不同绩效水平的校长。根据中小学校长胜任力模型构建最终确定的胜任力行为描述题项，编制中小学校长胜任力调查问卷和对中小学校长进行绩效评价的量表，对云南省各州（市）若干所中小学的校长及分管的上级教体局领导进行分类调研，验证中小学校长胜任力模型。这一部分对应论文的第五章。

（六）云南省中小学校长胜任力现状调查与分析

运用本研究已建构的中小学校长胜任力模型成果，将之前已验证过的中小学胜任力模型作为测量工具，编制测评量表，从中小学校长自评和他评两个维度进行大样本调研，通过信度、效度检验，人口学变量的差异比较、潜在剖面模型分析，了解云南省中小学校长胜任力现状。这一部分对应论文的第六章。

（七）中小学校长胜任力的提升策略

针对当前中小学校长的胜任力在"成就导向""专业素养""规划与建设""沟通与协调"方面相对薄弱的情况，结合新时代发展背景对校长胜任力提出的新要求，基于中小学校长胜任力模型及其应用，提出中小学校长胜任力的提升策略。这一部分对应论文的第七章。

二 研究方法

(一) 文献计量法

文献综述是对与研究主题相关的文献资料的概括和总结。本书通过查阅图书、各类数据库获取相关资料，运用文献计量学方法，对论文研究主题、研究机构、论文作者等进行统计和分析，运用文献统计数据分析揭示国内中小学校长胜任力模型研究的发展规律和发展趋势，厘清我国中小学校长胜任力研究发展历程及现状。本书第一章第三节"文献综述"部分主要使用了文献计量法。

(二) 内容分析法、元分析法

中小学校长胜任力要素分析研究是构建中小学校长胜任力模型的前提和基础。本书运用内容分析法对中小学校长胜任力相关文献资料进行比较、分析，同时采用了统计模拟算法理论对文献进行元分析研究，进一步提炼胜任力要素，为下一步胜任力模型构建提供坚实的理论分析基础。本文第二章第一节"基于文献挖掘的中小学校长胜任力要素"使用了内容分析法、第二节"基于元分析的中小学校长胜任力模型要素"使用了元分析法。

(三) 问卷法

问卷法是本书主要运用的研究方法。论文的核心章节第三章"中小学校长胜任力假设模型的构建"、第四章"中小学校长胜任力模型的修正与构建"、第五章"中小学校长胜任力模型的验证"和第六章"云南省中小学校长胜任力现状调查与分析"都主要通过问卷法，研究和编制针对不同研究对象的问卷或量表来获取大样本调查数据。

(四) 量化分析法

量化分析法也是本书主要运用的研究方法。根据每一阶段研究目的对各阶段获取的大样本调查数据进行量化分析。如对被试进行人口学变量统计，多维度呈现其信息，全方位了解被试人口学结构；对各阶段的调查量表进行信度检验（内部一致性系数检验）和效度检验（相关系数、验证性因素分析等）；在研究中小学校长胜任力现状阶段，运用了潜在剖面模型方法进行样本分组；并严格按照心理统计的范式通过控制无关因素的影响筛查有效样本。书中第三章到第六章全面深入地量化分析了各阶段通过问卷或量表获得的数据。

综上，是对本书的研究内容及方法的具体阐述，同时将两者绘制成图，以更能清晰完整地呈现研究内容及研究方法，见图1.4。

文献计量法 内容分析法 元分析法	梳理相关文献、理论	核心概念界定	中小学校长胜任力词典	中小学校长胜任力要素定义
	中小学校长胜任力要素研究			

⇩

问卷法 量化分析法	编制调查问卷	大样本问卷调查	运用360度反馈技术	胜任特征的提取
	中小学校长胜任力假设模型的构建			

⇩

问卷法 量化分析法	编制调查量表	专家咨询法检验量表内容效度	预测试检验量表信度	大样本测试检验量表结构效度
	中小学校长胜任力模型的修正与构建			

⇩

问卷法 量化分析法	编制调查量表	校长自评	上级教体局领导评价	胜任特征检验
	中小学校长胜任力模型的验证			

⇩

问卷法 量化分析法	编制调查量表	校长自评	校内教师评价	胜任力现状与分析
	云南省中小学校长胜任力现状调查与分析			

⇩

针对中小学校长胜任力的薄弱问题	新时代对胜任力的要求	持续改进的系统工程（四个方面）
中小学校长胜任力的提升策略		

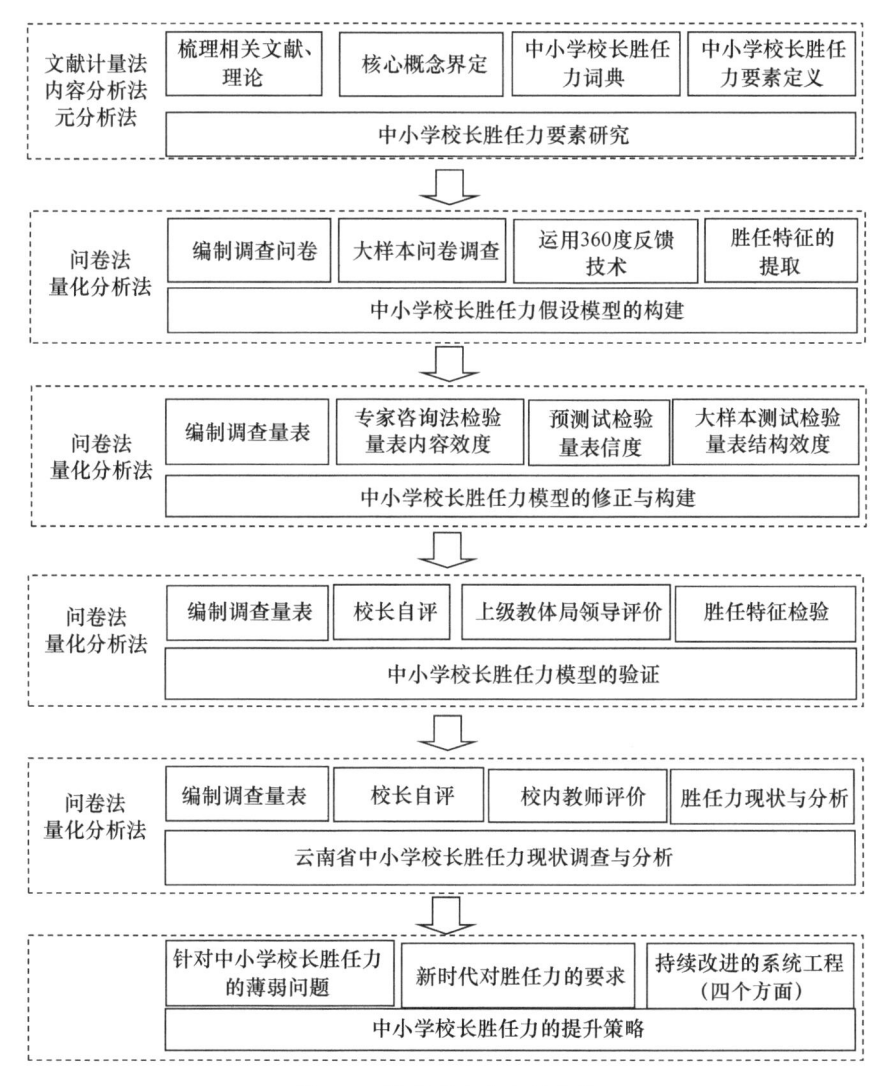

图1.4 论文研究内容及方法

第二章

中小学校长胜任力要素研究

我国学者对中小学校长开展胜任力研究仅有十多年的历史，学者们采用行为事件访谈法、焦点团体访谈法、问卷调查法、文本分析法、元分析法等不同的研究方法，对国内特定地区的中小学校长开展胜任力的相关研究，形成了一定数量的研究成果。文献研究是进行胜任力构成要素、构建胜任力模型的一种有效方法，乐传永等[①]通过分析比较中小学校长的胜任力构成要素、大学校长的胜任力构成要素、企业管理者的胜任力构成要素，从理论上提出了成人学校校长的胜任力构成要素；赵忠君等[②]利用文献法，梳理出高校辅导员的胜任力构成要素，并据此编制了辅导员胜任力要素量表。据此，本章通过文献挖掘，运用元分析法和统计学原理，梳理、辨析我国中小学校长胜任力相关研究成果，提炼中小学校长胜任力构成要素的成果文献数据，提取中小学校长胜任力要素，对提取的胜任力要素进行概念界定。

第一节 基于文献挖掘的中小学校长胜任力要素

一 中学校长胜任力构成要素实证研究

李丽娜通过对云南省的34位中学校长（优秀组16人、一般组18人）

---

① 乐传永、赵翠云：《成人学校校长胜任力模型研究》，《宁波大学学报》（教育科学版）2015年第1期。
② 赵忠君、邱宇涵、张伟伟：《高校思政辅导员胜任力构成要素分析》，《黑龙江高教研究》2021年第9期。

进行行为事件访谈，构建了中学校长胜任力卓越模型，并通过53份有效调查问卷对模型进行了检验；刘维良通过对北京市绩效优秀的11位中学校长和绩效普通的11位中学校长进行行为事件访谈，构建了中学校长胜任力基准模型和卓越模型；刘哲通过访谈北京、浙江、广东绩效优秀的10位中学校长和绩效普通的9位中学校长，构建了中学校长胜任力基准模型和卓越模型；陈燕明通过访谈广东省的12位绩效优秀中学校长，构建了中学校长胜任力通用模型，并通过105份有效调查问卷对模型进行了检验。4位代表性学者的研究结果见表2.1。

表2.1 国内部分代表性学者的中学校长胜任力构成要素研究结果

学者	胜任特征	研究方法
李丽娜[1]	优秀校长：成就导向、影响力、关系建立、团队领导、自信心、培养他人、逻辑思维能力、灵活性、组织承诺，9项胜任特征构成卓越模型	行为事件访谈法
刘维良[2]	优秀校长：成就导向、团队领导、专业素养、意志力、主动性、制度建设、学习领悟、使命感、信息寻求、分析思维、创新意识、战略策划、概念思维、自信心，14项胜任特征构成卓越模型。 合格校长：人际理解、培养人才、资源开发与利用、责任心、沟通能力、识人用人、决策力、诚信正直、影响力、团队合作、反思力、宽容、组织洞察、职权运用、灵活性，15项胜任特征构成基准模型	行为事件访谈法
刘哲[3]	优秀校长：成就导向、团队领导、主动性、信息收集、分析思维、概念思维、组织承诺、服务意识、教育宏图思维、关注教学和学习、关系支持，11项胜任特征构成卓越模型。 合格校长：培养人才、人际沟通、关注质量和秩序、影响力、关系建立、命令、专业知识、团队合作、自信心、自我控制、灵活性、组织知觉，12项胜任特征构成基准模型	行为事件访谈法
陈燕明[4]	优秀校长：成就导向、资源优化、信息运用、制定计划、学习向导、人际交往、激励意识、奉献性、恪尽职守、团队协作、以人为本、严于律己、终身学习、严格自律、精准分析、思维敏捷、行动创新、识人用人、协调沟通、团队整合、乐群性、积极性、严谨性、关注细节、诚实守信、坚毅自信、一丝不苟、果断性，28项胜任特征构成通用模型	访谈法

---

[1] 李丽娜：《中学校长胜任特征实证研究》，硕士学位论文，云南师范大学，2006年，第41页。

[2] 刘维良：《基于胜任力模型的中小学校长基准模式和卓越模式研究》，《北京教育学院学报》2012年第1期。

[3] 刘哲：《中学校长胜任模型建构与应用研究》，硕士学位论文，北京师范大学，2009年，第34页。

[4] 陈燕明：《基于胜任力理论的高中校长培训体系研究》，硕士学位论文，广州大学，2018年，第35页。

由表 2.1 可知，专家学者们分别以北京、浙江、广东、云南等省市的中学校长为研究对象所构建的中学校长胜任力模型的构成要素的主要内涵大部分都相同，但学者们所构建模型的胜任特征的数量和特征名称存在一定差异。

二 小学校长胜任力构成要素实证研究

王秀玲通过访谈北京市绩效优秀的 20 位小学正职校长和绩效普通的 20 位小学正职校长，构建了小学校长胜任力基准模型和卓越模型；刘维良通过访谈北京市绩效优秀的 20 位小学校长和绩效普通的 20 位小学校长，构建了小学校长胜任力基准模型和卓越模型；胡松林通过访谈绩效优秀的全国 10 位小学校长和绩效普通的北京 10 位小学校长，构建了小学校长胜任力基准模型和卓越模型；余生通过访谈 S 市 12 位小学校长（优秀组 6 人、一般组 6 人），构建了小学校长胜任力基准模型和卓越模型。4 位代表性学者的研究结果见表 2.2。

表 2.2　国内部分代表性学者的小学校长胜任力构成要素研究结果

学者	胜任特征研究结果	研究方法
王秀玲[①]	优秀校长：沟通能力、影响力、团队领导、制度建设、概念思维、创新意识、使命感、战略策划和反思力，9 项胜任特征构成卓越模型。 合格小学校长：成就动机、人际理解、关系建立、队伍建设、分析思维、专业素养、决策力，信息寻求和宽容，9 项胜任特征构成基准模型	行为事件访谈法
刘维良[②]	优秀校长：沟通能力、概念思维、反思力、影响力、创新意识、团队领导、使命感、制度建设、战略策划，9 项胜任特征构成卓越模型。 合格小学校长：成就动机、分析思维、宽容、人际理解、专业素养、关系建立、决策力、队伍建设、信息寻求，9 项胜任特征构成基准模型	行为事件访谈法
胡松林[③]	优秀校长：成就导向、主动性、培养他人、团队领导、分析性思维、概念性思维、组织承诺、教育宏图思维、关注教学和学习、关系支持、服务意识，11 项胜任特征构成卓越模型。 合格小学校长：关注质量和秩序、信息收集、人际沟通、影响力、关系建立、命令、团队合作、专业知识、自信心、自我控制、灵活性、组织知觉力，12 项胜任特征构成基准模型	行为事件访谈法

---

① 王秀玲：《普通小学正职校长胜任力研究》，博士学位论文，北京师范大学，2007 年，第 93 页。
② 刘维良：《基于胜任力模型的中小学校长基准模式和卓越模式研究》，《北京教育学院学报》2012 年第 1 期。
③ 胡松林：《小学校长胜任特征模型研究》，硕士学位论文，北京师范大学，2007 年，第 38 页。

续表

学者	胜任特征研究结果	研究方法
余生[①]	优秀校长：成就导向、团队领导、团队合作、创新意识、灵活性、关注细节、课程领导、沟通能力、决策力、反思力、制度建设、概念思维，12项胜任特征构成卓越模型。 合格小学校长：自信、诚信正直、影响力、学生中心导向、队伍建设、关系建立、战略策划、执行力，8项胜任特征构成基准模型	行为事件访谈法

分析表2.2可知，专家学者们以不同省市的小学校长为研究对象所获得的小学校长的胜任力构成要素与中学校长的胜任力构成要素（表2.1）的结构特点类似，亦即，小学校长的胜任力构成要素的主要内涵大部分都相同，但各位学者所构建的模型的胜任特征数量和特征名称存在一定差异。

三 中小学校长胜任力构成要素实证研究

在国内外成果文献报道中，部分学者将中学校长和小学校长作为一个整体进行研究。张爱华通过访谈北京市的22位正职中小学校长（优秀组10人、一般组12人）提取了优秀校长区别于普通校长的胜任特征，构建了中小学校长胜任力卓越模型，并通过279份有效调查问卷对模型进行了检验；戴瑜通过访谈浙江省的24位中小学校长（优秀组12人、一般组12人），构建了中小学校长胜任力基准模型和卓越模型，并通过96份有效调查问卷对模型进行了检验；刘国胜等通过对某区的24位中小学校长（高绩效组12人、一般绩效组12人）进行访谈，构建了中小学校长胜任力基准模型和卓越模型；林天伦等通过对广东、北京等省市的20位校长进行半结构化访谈，提炼出中小学校长的胜任力结构要素，再通过对286份有效问卷进行相关数据分析提取中小学校长的胜任特征，构建了中小学校长胜任力模型。4位代表性学者的研究结果见表2.3。

[①] 余生：《公立小学校长胜任特征模型研究——以S市为例》，硕士学位论文，北京师范大学，2008年，第55页。

表2.3　国内部分代表性学者的中小学校长胜任力构成要素研究结果

研究者	胜任特征研究结果	研究方法
张爱华①	优秀校长：全局思维、团队建设、学习能力、主动性、知人善用、沟通能力、人格魅力、服务意识、自我控制、创新能力、人际洞察力、指挥能力，12项胜任特征构成卓越模型，且中学校长、小学校长在这12项胜任特征上无显著性差异	行为事件访谈法
戴瑜②	优秀校长：自信心、建立关系、影响力、自我控制、资源管理、分析思考、发展他人、战略思考，8项胜任特征构成卓越模型。 合格中小学校长：尊重理解他人、互动沟通、灵活性、团队精神、创新变革、自我评估、专业知识与技能、前沿追踪、持续学习、执行力、成就导向、责任心、务实、诚实正直、主动性，15项胜任特征构成基准模型	行为事件访谈法
刘国胜等③	优秀校长：理解他人、灵活性、主动性、创新性、责任心、自我控制、合作精神、专业知识与技能，8项胜任特征构成卓越模型。 合格校长：影响力、成就导向、收集信息、分析性思考、组织意识、发展他人、概念性思考、建立关系、自信心、学习发展，10项胜任特征构成基准模型	访谈法
林天伦等④	优秀校长：教育思想、学科知识、教学技能、谦虚真诚、培养他人、文化向导、使命感、常识丰富、决策能力、创新意识、率先垂范、影响他人、以人为本、战略眼光、目标导向、有效激励、合理授权、管理思想、外交能力、谋划能力、沟通能力、制度管理、危机管理、意志坚忍、任人唯贤、勇于承担，26项胜任特征构成通用模型	行为事件访谈法

综合分析表2.1、表2.2、表2.3可知，无论是中小学校长胜任力的基准模型还是卓越模型，各位研究者通过实证研究所构建的胜任力模型要素的主要内涵大部分都相同，但各位研究者所构建的模型的胜任特征数量和特征名称存在一定差异，部分模型之间甚至存在较大差异。表明：一方面，无论哪个省市，成功担任中小学校长这一特定任务角色需要具备若干相同或相近的内隐的特质和外显的行为特征；另一方面，不同学者针对不同地

---

① 张爱华：《普通中小学正职校长核心胜任特征模型构建及测评工具开发——基于北京市东城区的开发实践》，硕士学位论文，北京师范大学，2008年，第67页。
② 戴瑜：《中小学校长胜任力研究——以宁波为例》，博士学位论文，华东师范大学，2008年，第61—62页。
③ 刘国胜、曾珍香：《中小学校长胜任力模型研究》，《当代教育科学》2009年第22期。
④ 林天伦、陈思：《中小学校长胜任力结构要素及其解读》，《教育科学研究》2013年第4期。

区的研究对象所构建的中小学校长胜任力模型存在一定差异。另外,将表2.3与表2.1、表2.2进行比较可以看出,将中学和小学校长作为一个整体进行研究,一方面,成功担任中学和小学校长这一特定任务角色需要具备若干相同的内隐的特质和外显的行为特征,但另一方面,中学校长、小学校长、中小学校长(整体)三者的胜任特征是存在部分差异的。

第二节　基于元分析的中小学校长胜任力模型要素[①]

一　研究设计与实施

元分析法是格拉斯(Glass G. V.)于1976年首次提出的,亦称为二次分析。它是一种将定性与定量分析研究相结合的文献分析方法,其目的为借助统计学的理念与方法,将已经存在的针对某一问题的大量研究成果进行再统计、分析,以期发现潜在的研究规律及事实。[②] 本节将选用元分析方法和统计学原理,深入研究中小学校长胜任力要素,为中小学校长胜任力模型构建奠定科学客观的基础。

(一)研究对象

本节选取截至2021年10月31日符合元分析标准的,且开展了中小学校长胜任力模型实证研究的国内期刊论文和博士硕士学位论文作为研究对象。文献样本入选标准是:(1)对国内某个或某些地区的中学或小学或中小学校长的胜任特征进行了实证研究;(2)测量确定了研究对象的胜任特征,对于仅研究校长教学领导力胜任特征[③]等仅某方面胜任特征的文献则

[①] 郑勤红、浦丽娟:《基于元分析的中小学校长胜任力模型研究》,《宁波大学学报》(教育科学版)2022年第6期。

[②] Glass G. V., "Primary, Secondary and Meta-analysis of Research", Edu Res, No.5, May 1976, pp. 3 – 8.

[③] 赵德成、宋洪鹏、苏瑞红:《义务教育学校校长教学领导力胜任特征模型的构建》,《教育研究》2014年第8期。

判定为不符合入选标准的文献；（3）如果学位论文与期刊论文的研究对象、方法、内容相同或相似，则仅选取学位论文作为文献样本，同时，学位论文必须是通过文献数据库能获取全文的论文；（4）对中学校长、小学校长分别进行研究的文献样本，合并统计该文献的样本量，中学校长和小学校长胜任特征重复的仅记1项。

（二）研究工具

本节运用文献法收集元分析文献样本。文献收集以"中小学校长胜任特征""中小学校长胜任力模型"等为主题词进行文献检索，查找CNKI数据库、万方数据库、维普科技期刊数据库截至2021年10月31日的文献。

（三）研究过程

（1）人工筛选文献样本。根据选择文献的标准，人工筛选符合要求的文献，选择文献的标准是通过特定对象的实证研究测量确定了中小学校长的胜任特征。筛选结果共有19篇文献被纳入研究样本，研究样本的发表时间为2006—2020年。

（2）甄别归类模型类型。对于研究结论中已明确模型类型的文献样本，经确认后将模型直接归类为相应的类型；对于论文中没有明确模型类型的文献样本，根据中小学校长胜任力模型的分类标准，人工甄别文献样本实证研究所获得的胜任力模型类型。甄别归类结果：卓越模型实证研究文献8篇，基准模型实证研究文献11篇（其中4篇既研究了基准胜任特征又研究了鉴别性胜任特征），通用模型实证研究文献9篇（其中4篇是由基准胜任特征和鉴别性胜任特征总和构成通用模型）。

（3）用元分析方法提取胜任特征。辨析各文献样本中的胜任特征概念定义，整合概念定义相同或相近的胜任特征，对文献样本中概念定义相同或非常相近的胜任特征统一命名，提取胜任特征，统计各胜任特征出现的频次。

19篇文献的样本总量2793人，最少6人，最多527人，平均147人，取样地区涉及17个省、自治区、直辖市，即研究对象涉及我国半数以上省、自治区、直辖市的中小学校长。19篇文献样本的基本情况见表2.4（按照开展实证研究的先后时间列表排序）。

表2.4　　　　　　　　　　文献样本的基本情况

序号	研究者	取样地区	样本量	模型类型	胜任特征数
1	李丽娜①	云南	访谈34人，问卷53人	卓越	9项
2	王秀玲②	北京	访谈70人	卓越、基准	9项、9项
3	赵利娟③	上海	访谈6人	基准	12项
4	王芳④	江苏	访谈9人，问卷367人	卓越	27项
5	戴瑜⑤	浙江	访谈24人，问卷96人	卓越、基准	8项、15项
6	蓝晓霞⑥	广西	访谈17人，问卷68人	基准	13项
7	王德路等⑦	四川	问卷239人	基准	32项
8	张爱华⑧	北京	访谈22人，问卷279人	卓越	12项
9	刘晓瑜等⑨	广东	访谈16人，问卷207人	基准	14项
10	刘国胜等⑩	河北	访谈24人	卓越、基准	8项、10项
11	陈艳⑪	江苏	问卷120人	基准	18项

① 李丽娜：《中学校长胜任特征实证研究》，硕士学位论文，云南师范大学，2006年，第41页。

② 王秀玲：《普通小学正职校长胜任力研究》，博士学位论文，北京师范大学，2007年，第93页。

③ 赵利娟：《中小学校长胜任特征的行为事件访谈研究》，硕士学位论文，华东师范大学，2007年，第43页。

④ 王芳：《中小学校长胜任力模型及其与绩效的关系研究》，博士学位论文，南京师范大学，2008年，第82页。

⑤ 戴瑜：《中小学校长胜任力研究——以宁波为例》，博士学位论文，华东师范大学，2008年，第61—62页。

⑥ 蓝晓霞：《广西少数民族地区中学校长胜任力模型研究》，硕士学位论文，广西大学，2008年，第40页。

⑦ 王德路、来婷婷、黄丽：《农村中小学校长胜任特征的初步研究》，《网络财富》2008年第5期。

⑧ 张爱华：《普通中小学正职校长核心胜任特征模型构建及测评工具开发——基于北京市东城区的开发实践》，硕士学位论文，北京师范大学，2008年，第67页。

⑨ 刘晓瑜、黎光明、张敏强等：《城乡小学校长胜任特征初探》，《中小学管理》2008年第12期。

⑩ 刘国胜、曾珍香：《中小学校长胜任力模型研究》，《当代教育科学》2009年第22期。

⑪ 陈艳：《中小学校长胜任力研究——以苏北中小学校长为例》，《教育学术月刊》2010年第3期。

续表

序号	研究者	取样地区	样本量	模型类型	胜任特征数
12	谭丽娟①	广西	访谈10人	通用	9项
13	胡标②	湖北、湖南、河南	访谈14人,问卷513人	基准	26项
14	刘维良③	北京	访谈62人	卓越、基准	17项、17项
15	牛振海等④	黑龙江	访谈30人,问卷107人	卓越、通用	6项、10项
16	林天伦等⑤	北京、广东、山西	问卷286人	通用	26项
17	王帅⑥	上海、浙江、广东、湖南、海南、吉林等	文本分析12所名校校长	通用	35项
18	黄性辉⑦	山东	访谈16人	基准	12项
19	任锋⑧	山东	访谈31人,问卷73人	通用	16项

(四) 胜任特征的命名与提取

辨析各文献样本的胜任特征概念定义,整合概念定义相同或相近的胜任特征,对文献样本中概念定义相同或相近的胜任特征统一命名。统一命名的方法是,根据美国NASSP的胜任特征概念定义⑨和英国NEAC的胜任特征概念定义⑩,辨析文献样本中每项胜任特征的概念内涵,将胜任特征

---

① 谭丽娟:《基于胜任力的中小学校长岗位培训体系研究》,硕士学位论文,广西师范学院,2011年,第28页。

② 胡标:《县域及以下中小学校长工作胜任特征研究》,硕士学位论文,华中科技大学,2011年,第28页。

③ 刘维良:《基于胜任力模型的中小学校长基准模式和卓越模式研究》,《北京教育学院学报》2012年第1期。

④ 牛振海、何志磊、曹运华:《中学校长胜任特征模型构建》,《成人教育》2012年第6期。

⑤ 林天伦、刘志华、张爱林:《中小学校长胜任水平、影响因素及提升策略》,《教育科学研究》2014年第1期。

⑥ 王帅:《中学名校校长胜任特征研究》,《教育学术月刊》2017年第7期。

⑦ 黄性辉:《烟台市牟平区小学校长胜任力提升策略研究》,硕士学位论文,大连海事大学,2018年,第65页。

⑧ 任锋:《小学校长胜任力现状调查研究》,硕士学位论文,聊城大学,2019年,第59页。

⑨ [美] 弗瑞德·C.伦恩伯格、阿兰·C.奥斯坦:《教育管理学:理论与实践》,孙志军等译,中国轻工业出版社2003年版,第108页。

⑩ 安晓敏、任晓玲:《英国NEAC中小学校长胜任力研究及对我国的启示》,《外国中小学教育》2015年第1期。

名称相同或概念定义一致的直接提取出来。对于概念定义与英美胜任特征相近，但采用英美胜任特征名称不能完整准确地表达其概念内涵的胜任特征，则不采用英美胜任特征的命名，而是根据概念内涵对胜任特征逐一进行归类，使用出现频次最多的胜任特征名称进行命名。对于没有给出概念内涵的胜任特征（期刊文献样本几乎都没有给出胜任特征概念定义），则依据胜任特征名称进行提取。对于既没有给出概念定义，名称又无法归类，出现频次又非常少的胜任特征，予以剔除。完成文献样本胜任特征的统一命名后逐一提取文献样本的胜任特征，提取不区分胜任特征因子是一阶或二阶，直接提取具体的胜任特征。

（五）胜任特征的确定与验证

运用统计学原理分析研究实际问题时，一般用事件发生的频率来估算事件发生的概率。由蒙特卡罗统计模拟算法理论，如果一个蒙特卡罗算法对于实际问题的任一实例得到的概率 P 大于 1/2（即 50%），则该蒙特卡罗算法是 P 正确的；对于不会给出两个正确解答的 P 正确的蒙特卡罗算法，要提高获得正确解的概率，只要执行该算法若干次选择出现频率最高的解即可。[①] 根据蒙特卡罗统计模拟算法原理和大数定律，本节将文献样本中出现频率大于 50% 的胜任特征遴选确定为胜任力模型的胜任特征。

另外，由表 2.4 可知，19 篇文献样本中，3 类模型的文献样本的胜任特征数量差异都非常大，以卓越模型为例，最少的仅有 6 项，最多的有 27 项。一方面，反映出我国中小学校长胜任力模型研究仍处于探索阶段，需要从理论上对胜任力模型进行深入分析和探索；另一方面，根据统计学原理，当一组数据中的个别数据偏大或偏小时，中位数不易受数据中极端数据的影响，用中位数描述该组数据的集中趋势较为合适，所以本研究运用文献样本的中位数项数检验所构建模型的胜任特征数是否适宜。

---

① 王晓东编著：《计算机算法设计与分析》，电子工业出版社 2001 年版，第 222—223 页。

二　中小学校长胜任力卓越模型构成要素研究

（一）研究方法

由于鉴别性胜任特征是高绩效校长与一般（合格）绩效校长之间的区分性胜任特征，因此，只有界定并选取特定研究范围的高绩效校长和一般绩效校长两组样本，对两组样本进行对比性实证研究，才能辨析出高绩效校长的鉴别性胜任特征。国内外文献报道的中小学校长胜任力卓越模型实证研究成果，几乎都是通过对高绩效校长和一般绩效校长两组样本进行行为事件访谈等，辨析出区分高绩效样本和一般绩效样本的鉴别性胜任特征，并对所提取的鉴别性胜任特征进行相关检验和验证，还获得两组样本的共有胜任特征，构建校长胜任力基准模型①。

（二）统计结果与模型构建

1. 基本情况

对表2.4数据统计结果：8篇文献样本开展了卓越模型实证研究，样本总量1179人（访谈275人，问卷调查904人），平均147人，取样地区涉及6个省、市、自治区。

2. 频次统计与卓越模型构建

8篇文献样本中胜任特征频次出现3次及以上的见表2.5。为方便查阅和对照分析，表2.5中的文献样本序号与表2.4相同（注：表2.6和表2.7中的文献样本序号也与表2.4相同）。根据统计学理论，取出现频次5次（出现频率62.5%）及以上的胜任特征为卓越模型的胜任特征，则由表2.5可知，卓越模型的胜任特征数为8项。

对表2.4文献数据进行中位数统计分析结果，8篇卓越模型文献样本的中位数项数是9项。由表2.5可知，取出现频次5次（出现频率62.5%）及以上的8项胜任特征为卓越模型的胜任特征是最接近中位数的

---

① 王秀玲：《普通小学正职校长胜任力研究》，博士学位论文，北京师范大学，2007年，第93页；王芳：《中小学校长胜任力模型及其与绩效的关系研究》，博士学位论文，南京师范大学，2008年，第63页。

取项，所以，由领导力、影响力、问题分析、成就导向、创新性、自我控制、自信、战略思考 8 项胜任特征构成我国中小学校长胜任力卓越模型是非常适宜的。

表 2.5　　中小学校长鉴别性胜任特征频次统计结果

序号	领导力	影响力	问题分析	成就导向	创新性	自我控制	自信	战略思考	培养他人	沟通能力	主动性	使命感	团队合作	灵活性	自我提高	胜任特征数
1	*	*	*	*			*		*		*		*			8
2	*	*			*		*			*	*					6
4	*	*	*	*	*	*	*	*	*	*	*	*	*	*	*	15
5	*	*					*				*		*	*	*	7
8	*	*		*	*	*			*	*		*			*	11
10				*	*							*	*	*		5
14	*	*	*	*	*	*	*	*							*	12
15							*									5
频次	7	7	5	5	5	5	5	5	4	4	4	4	3	3	3	69

3. 鉴别性胜任特征分析

频次统计结果，领导力和影响力两项胜任特征并列卓越模型首位，表明：领导力和影响力是我国中小学校长胜任力卓越模型中普遍认同的胜任特征。卓越模型中的领导力和问题分析也是美国 NASSP 胜任力（卓越）模型[①]的胜任特征，"成就导向""自我控制"分别与美国 NASSP 模型中的"个人动机""对压力的承受力"内涵上非常接近，影响力、创新性、自信、战略思考 4 项胜任特征则是 NASSP 模型中没有的，一方面，说明成功担任中小学校长这一任务角色所需要的领导力、问题分析、成就导向、自我控制等胜任特征存在着跨文化的一致性和相似性；但另一方面，可能正是由于文化、经济等方面的差异，造成了另外 4 项胜任特征的不同。根据戴瑜的胜任特征定

---

① ［美］弗瑞德·C. 伦恩伯格、阿兰·C. 奥斯坦：《教育管理学：理论与实践》，孙志军等译，中国轻工业出版社 2003 年版，第 108 页。

义,"影响力"是教育专家和管理专家的品质内涵①;"创新性"是较好地适应我国教育体制改革发展需要的胜任特征②,因此,影响力、创新性等胜任特征是我国优秀校长(卓越校长)特有的胜任特征。

三 中小学校长胜任力基准模型构成要素研究

(一)研究方法

胜任特征如同许多事物的本质特性一样可以用不同的方法去观察和评价,国内文献报道的中小学校长胜任力基准模型实证研究方法,主要有行为事件访谈法③、问卷调查法④、访谈与问卷调查结合⑤等方法,界定并选取特定研究范围内的合格绩效研究对象,通过对一般(合格)绩效校长开展行为事件访谈、团体焦点访谈、问卷调查等,提取合格校长的胜任特征,并对所提取的基准胜任特征进行相关检验和验证,构建中小学校长胜任力基准模型。

(二)统计结果与模型构建

1. 基本情况

对表2.4数据统计分析结果:11篇文献样本开展了基准模型实证研究或通过实证研究提取了基准胜任特征,样本总量1492人(访谈249人,问卷调查1243人),平均135人,取样地区涉及12个省、自治区、直辖市。

2. 频次统计与基准模型构建

11篇文献样本中胜任特征出现频次5次及以上的见表2.6。根据统计

---

① 戴瑜:《中小学校长胜任力研究——以宁波为例》,博士学位论文,华东师范大学,2008年,第62页。
② 刘莉莉:《中小学校长胜任特征的元分析研究》,《华东师范大学学报》(教育科学版)2015年第4期。
③ 赵利娟:《中小学校长胜任特征的行为事件访谈研究》,硕士学位论文,华东师范大学,2007年,第26页。
④ 陈艳:《中小学校长胜任力研究——以苏北中小学校长为例》,《教育学术月刊》2010年第3期。
⑤ 刘晓瑜、黎光明、张敏强等:《城乡小学校长胜任特征初探》,《中小学管理》2008年第12期。

学理论，取出现频次 6 次（出现频率54.5%）及以上的胜任特征为基准模型的胜任特征，则由表2.6可知，基准模型的胜任特征数为13项。对表2.4文献数据统计分析结果，11篇基准模型文献样本中，胜任特征数最少的仅有9项，最多的有32项，数量差异非常大，文献样本的中位数项数是14项。对表2.6进行相关数据分析可知，取出现频次 6 次（出现频率54.5%）及以上的13项胜任特征为基准模型的胜任特征，虽然不是中位数的项数，但与中位数的项数仅相差1项，所以，由培养他人、关系建立、领导力、创新性、沟通能力、问题分析、成就导向、专业素养、人际敏感、影响力、责任心、灵活性、诚实正直、自我提高、自我控制、概念思维16项胜任特征构成我国中小学校长胜任力基准模型是适宜的。

表2.6　　　　　中小学校长基准胜任特征频次统计结果

序号	培养他人	关系建立	领导力	创新性	沟通能力	问题分析	成就导向	专业素养	人际敏感	影响力	责任心	灵活性	诚实正直	自我提高	自我控制	概念思维	胜任特征数
2		*				*	*	*									5
3	*	*	*	*		*	*		*	*		*				*	10
5				*	*		*	*				*	*	*	*		8
6	*	*	*			*	*					*	*		*		10
7	*	*	*	*	*		*	*	*	*					*		13
9	*		*	*				*		*				*	*		7
10	*	*				*	*			*				*		*	7
11	*		*	*			*			*		*	*	*	*		11
13	*		*	*			*			*	*	*	*	*	*		12
14	*	*			*	*	*	*	*	*	*	*	*				11
18		*	*	*												*	9
频次	8	7	7	7	7	7	7	7	7	6	6	6	6	6	5	5	5	103

3. 基准胜任特征分析

频次统计结果，培养他人排在基准模型的首位，表明培养他人是我国中小学校长胜任力基准模型中普遍认同的胜任特征。将基准模型与英国

NEAC 胜任力（基准）模型①比较发现：领导力、沟通能力、问题分析 3 项胜任特征也是 NEAC 模型的胜任特征；培养他人、成就导向、人际敏感 3 项胜任特征分别与 NEAC 模型的他人发展、个人动机、敏感性 3 项胜任特征内涵上非常接近，近半数的胜任特征与 NEAC 模型的胜任特征相同或相近；另外，欧塔（Hoda）对 35 个胜任力模型的元分析结果，领导力、沟通能力、创新性 3 项胜任特征是教育管理者的重要胜任特征。② 表明：担任合格中小学校长这一任务角色所需要具备的胜任特征存在着半数左右的跨文化的一致性；同时，可能正是由于文化、经济等方面的差异，造成了其余近半数胜任特征的不同。

四　中小学校长胜任力通用模型构成要素研究

（一）研究方法

国内外胜任力模型实证研究成果报道中，测量确定高绩效校长的胜任特征主要有两条研究路径。路径一运用研究卓越模型的方法，界定并选取特定研究范围内的高绩效研究对象，测量确定高绩效校长的基准胜任特征和鉴别性胜任特征，由基准胜任特征和鉴别性胜任特征总和构成胜任力通用模型。③ 路径二是界定并选取特定研究范围内的高绩效研究对象，运用访谈④、文本分析⑤、访谈与问卷调查结合⑥等方法测量确定高绩效校长的胜任特征，构建中小学校长胜任力通用模型。

---

① 安晓敏、任晓玲：《英国 NEAC 中小学校长胜任力研究及对我国的启示》，《外国中小学教育》2015 年第 1 期。
② Hoda A. J., Mohammadreza A., Behooz M., et al., "System of Educational and Qualification-based Management: A Meta-analysis about Management Models on the Basis of Competency", *Procedia-Social and Behavioral Sciences*, Vol. 46, 2012, pp. 4751 - 4755.
③ 王秀玲：《普通小学正职校长胜任力研究》，博士学位论文，北京师范大学，2007 年，第 93 页。
④ 谭丽娟：《基于胜任力的中小学校长岗位培训体系研究》，硕士学位论文，广西师范学院，2011 年，第 46—47 页。
⑤ 王帅：《中学名校校长胜任特征研究》，《教育学术月刊》2017 年第 7 期。
⑥ 林天伦、刘志华、张爱林：《中小学校长胜任水平、影响因素及提升策略》，《教育科学研究》2014 年第 1 期。

（二）统计结果与模型构建

1. 基本情况

对表 2.4 数据统计分析结果：9 篇文献样本开展了通用模型实证研究或通过实证研究提取了卓越胜任特征和基准胜任特征，样本总量 813 人（访谈 251 人，问卷调查 562 人），平均 90 人，取样地区涉及 13 个省、自治区、直辖市。

2. 频次统计与通用模型构建

9 篇文献样本中胜任特征出现频次 5 次及以上的见表 2.7（限于篇幅，"诚实正直""灵活性""制度建设"等 3 项出现频次为 4 次的胜任特征未列入表中，其余胜任特征的频次均少于 4 次）。根据统计学理论，取出现频次 5 次（出现频率 54.5%）及以上的胜任特征项为通用模型的胜任特征，通用模型的胜任特征数为 18 项。对表 2.4 文献数据统计分析结果，9 篇通用模型文献样本中，胜任特征数最少的仅有 9 项，最多的有 35 项，数量差异非常大，文献样本的中位数项数是 18 项。取表 2.7 中出现频次 5 次（出现频率 54.5%）及以上的 18 项胜任特征为通用模型的胜任特征，正好是中位数项数，所以，由成就导向、影响力、领导力、关系建立、专业素养、创新性、问题分析、自我控制、使命感、培养他人、团队合作、责任心、自信、自我提高、人际敏感、战略思考、主动性、沟通能力 18 项胜任特征构成我国中小学校长胜任力通用模型是最适宜的。

表 2.7　　中小学校长通用模型胜任特征频次统计结果

序号	成就导向	影响力	领导力	关系建立	专业素养	创新性	问题分析	自我控制	使命感	培养他人	团队合作	责任心	自信	自我提高	人际敏感	战略思考	主动性	沟通能力	胜任特征数
2	*	*	*	*	*	*		*							*	*		*	11
5	*	*	*	*	*	*			*	*	*	*	*			*	*	*	16
10	*	*	*	*	*	*	*		*	*	*	*	*			*		*	14
12	*	*	*		*									*					8
14	*	*	*	*	*	*	*	*	*	*	*	*	*	*	*	*	*	*	18

续表

序号	成就导向	影响力	领导力	关系建立	专业素养	创新性	问题分析	自我控制	使命感	培养他人	团队合作	责任心	自信	自我提高	人际敏感	战略思考	主动性	沟通能力	胜任特征数
15	*	*	*		*		*		*		*		*				*		9
16	*	*	*	*	*		*	*	*		*			*	*		*		14
17	*	*	*	*			*	*	*		*	*	*	*	*	*			13
19	*	*	*	*	*		*				*						*		9
频次	9	9	8	8	8	7	6	6	6	5	5	5	5	5	5	5	5	5	112

3. 通用胜任特征分析

频次统计结果，成就导向、影响力、领导力、关系建立、专业素养 5 项胜任特征以高频次位居通用模型前列，表明：成就导向、影响力、领导力、关系建立、专业素养是我国中小学校长胜任力通用模型中普遍认同的胜任特征。将所构建的通用模型与张东娇直接移植王继承"胜任特征词典"的 20 项胜任特征为中小学校长胜任力通用模型[①]进行对比分析发现：影响力、自我控制、自信、主动性等 4 项特征也是"胜任特征词典"中的胜任特征；成就导向、领导力、关系建立、专业素养、问题分析、团队合作、人际敏感 7 项胜任特征分别与"胜任特征词典"中的成就欲、团队领导、建立人际资源、技术专长、分析思维、团队协作、人际洞察力 7 项胜任特征内涵上非常接近，半数以上的胜任特征与张东娇直接移植的通用模型的胜任特征相同或相近。另外，由于担任中小学校长这一任务角色有其特殊性，所以培养他人、使命感、创新性、责任心、自我提高、沟通能力、战略思考等近半数的胜任特征反映了中小学校长这一任务角色的特殊性。

对三种胜任力模型的构成要素研究中，由表 2.4 可知，通用模型实证研究的样本涉及北京、上海、黑龙江、吉林、山东、河北、浙江、湖南、广东、海南、广西、山西 12 个省、市、自治区的中小学校长，基准模型实证研究的样本涉及北京、上海、山东、河南、河北、江苏、浙江、湖北、湖南、广东、

---

① 张东娇：《基于胜任特征的校长遴选与培训体系》，《教育研究》2007 年第 1 期。

广西、四川12个省、市、自治区的中小学校长,通用模型和基准模型实证研究的取样地区有58%的地区(北京、上海、山东、河北、浙江、广东、广西7个省、自治区、直辖市)是相同的,另外42%的地区则不相同,且两种模型实证研究的样本在空间分布和基础教育发展水平两个方面都具有较好的代表性,因此,本文基于实证研究成果,运用元分析方法和统计学理论构建的我国中小学校长胜任力通用模型和基准模型,既具有科学性,又具有广泛的代表性。卓越模型的实证研究样本涉及北京、黑龙江、河北、江苏、浙江、云南6个省市的中小学校长,实证研究样本具有一定的代表性,但样本所涉及的地区范围明显小于通用模型和基准模型所涉及的地区范围。

比较表2.5(卓越模型实证研究结果胜任特征出现的频次)和表2.7(通用模型实证研究结果胜任特征出现的频次)可知,本文运用元分析方法和统计学理论提取的我国中小学校长胜任力卓越模型的8项胜任特征(领导力、影响力、问题分析、成就导向、创新性、自我控制、自信、战略思考),属于所构建的通用模型(18项胜任特征)中的部分胜任特征,较好地体现了卓越模型的胜任特征是通用模型中高绩效校长区别于一般(合格)绩效校长的鉴别性胜任特征,表明:本文从理论上构建的卓越模型和通用模型两者之间的关系,与两种模型的理论概念定义完全一致。

比较表2.6(基准模型实证研究结果胜任特征出现的频次)和表2.7(通用模型实证研究结果胜任特征出现的频次)可知,本文运用元分析方法和统计学理论提取的我国中小学校长胜任力基准模型的13项胜任特征中,有11项胜任特征属于所构建的通用模型(18项胜任特征)中的部分胜任特征,仅"灵活性""诚实正直"两项胜任特征不属于通用模型中的胜任特征,表明:本文从理论上构建的基准模型和通用模型两者之间的关系,与两种模型的理论概念定义基本一致。另外,由表2.6可知,"灵活性"和"诚实正直"两项胜任特征,其出现频次非常低,是以最低出现频次被确定为基准模型的胜任特征的,因此,"灵活性"和"诚实正直"两项胜任特征是否属于基准模型中的胜任特征仍需进一步研究。

综上所述,基于元分析法对我国中小学校长胜任力模型要素进行研究，得出以下结论：

第一，运用元分析方法和统计学理论，全面地梳理、分析、甄别和归类十余年来我国中小学校长胜任力模型的实证研究成果，构建了我国中小学校长胜任力卓越模型、基准模型、通用模型。取样地区涉及17个省、市、自治区，胜任特征的命名和提取运用元分析方法，三类胜任力模型的胜任特征和胜任特征数运用统计学理论进行遴选和验证。因此，所构建的胜任力模型具有科学性和广泛的代表性，相关统计数据和研究成果为我国中小学校长胜任力模型实证研究提供了理论参考，对我国中小学校长胜任特征的统一命名和深入研究也具有积极意义。

第二，尽管我国中小学校长胜任力模型研究已经有十多年的历史，但研究对象仍未能遍及全国所有省、自治区、直辖市的中小学校长，文献样本的数量仍然有限，尤其是各文献样本胜任特征命名的不同，造成胜任特征的统一命名成为本文的最大难点，其准确性对胜任特征的提取具有重要影响，因此，本文所构建的三类胜任力模型仍然需要在实际应用中经受进一步检验和验证。

第三节 中小学校长胜任力要素的提取与界定

在对中小学校长胜任力研究成果进行文献挖掘、元分析方法研究胜任力要素的基础上，结合胜任力词典，辨析各文献样本的胜任特征概念定义，整合概念定义相同或相近的胜任力要素，对文献样本中概念定义相同或非常相近的胜任力要素统一命名，最终提取34项中小学校长胜任力要素，并进行概念界定。

一 中小学校长胜任力词典

胜任力词典是胜任力理论中最引人注目的成果。[①] Hay/McBer 公司

---

① 刘维良：《基于胜任力模型的中小学校长基准模式和卓越模式研究》，《北京教育学院学报》2012年第1期。

1996年版分级素质词典是世界范围内迄今为止经透彻研究后最好的胜任力素质词典。它集 Hay/McBer 公司二十多年素质研究之精华，在世界范围内的上乘、杰出者身上得到过验证，其有效性经历过多种经验式素质模式的不断确认。各素质的级别经不断修改变得越来越清晰、越来越可靠、越来越有效。其中，所有的素质都已通过最严格的研究测试和专业标准测试。每一核心素质都在许多企业组织的管理者评估过程中得到了可靠的鉴别表现证实。收入在 1996 年版词典里的素质分为如下两类：①

一是通用核心素质。标准系统共有 18 个素质，这个系列可被任何一位 Hay/McBer 公司获证分析员分析，也通常被用来推导出一个人的素质模式：即每一行为事件访谈都会用这个 18 个素质进行分析。这 18 个素质分别是：成就导向（ACH）、归纳思维（CT）、演绎思维（AT）、培养人才（DEV）、服务精神（CSO）、灵活性（FLX）、监控能力（DIR）、收集信息（INF）、影响能力（IMP）、诚实正直（ING）、主动性（INT）、组织意识（OA）、人际理解能力（IU）、关系建立（RB）、献身组织精神（OC）、领导能力（TL）、自信（SCF）、合作精神（TW）。

二是补充及个性化通用素质。共有 15 个素质，尽管这些素质也有效且可靠，可在我们素质模式数据库中出现的频率大大低于前 18 个素质，而且主要出现在低级一些的管理者和监控者身上。这些素质在必要时可增加到核心的 18 个素质中进行分析。这 15 个素质分别是：代人受过（AO）、领导权的调整（CL）、对自我形象作用的关注（CH）、对公司影响的关注（COI）、创造性思维（CTH）、授权（EMP）、专门知识（EXP）、高水准专业精神（HSP）、公司联合（OAL）、毅力（PER）、灵活利用他人（RUO）、策略定位（SO）、准备的充分性（THO）、关系的利用（UR）、对开发他人能力的关注（CTD）。

二　中小学校长胜任力要素提取

梳理国内外中小学校长胜任力要素研究的相关文献资料和实践成果，

---

① 《胜任力分级素质词典》（HAY 集团公司）。

对中小学校长胜任力要素进行元分析研究，以麦克勒兰德的冰山模型（6个要素）为理论基础，借鉴 Hay/McBer 公司 1996 版胜任力词典英文，根据美国 NASSP 的胜任特征概念定义和英国 NEAC 的胜任特征概念定义，参考戴瑜①、刘维良②胜任力词典的相关词条以及我国《义务教育学校校长专业标准》，辨析各文献样本的胜任特征概念定义，整合概念定义相同或相近的胜任力要素，对文献样本中概念定义相同或非常相近的胜任力要素统一命名。

统一命名的方法是，根据美国 NASSP 的胜任特征概念定义③和英国 NEAC 的胜任特征概念定义④，辨析文献样本中每项胜任特征的概念内涵，将胜任特征名称相同或概念定义一致的直接提取出来。对于概念定义与英美胜任特征相近，但采用英美胜任特征名称不能完整准确地表达其概念内涵的胜任特征，则不采用英美胜任特征的命名，而是根据概念内涵对胜任特征逐一进行归类，使用出现频次最多的胜任特征名称进行命名。对于没有给出概念内涵的胜任特征（期刊文献样本几乎都没有给出胜任特征概念定义），则依据胜任特征名称进行提取。对于既没有给出概念定义，名称又无法归类，出现频次又非常少的胜任特征，予以剔除。完成文献样本胜任特征的统一命名后逐一提取文献样本的胜任特征，提取不区分胜任特征因子是一阶或二阶，直接提取具体的胜任特征。

最终提取出 34 个胜任力要素：成就导向、主动性、战略思考、信息寻求、挑战性、使命感、服务精神、人际敏感、沟通能力、组织洞察、关系建立、影响力、资源开发与利用、培养他人、职权运用、领导力、团队合作、队伍建设、组织协调、公平公正、问题分析、专业素养、自我提高、

---

① 戴瑜：《中小学校长胜任力研究——以宁波为例》，博士学位论文，华东师范大学，2008年，第86—103页。
② 刘维良：《校长胜任力研究与应用》，重庆大学出版社2014年版，第86—143页。
③ [美] 弗瑞德·C. 伦恩伯格、阿兰·C. 奥斯坦：《教育管理学：理论与实践》，孙志军等译，中国轻工业出版社2003年版，第108页。
④ 安晓敏、任晓玲：《英国NEAC中小学校长胜任力研究及对我国的启示》，《外国中小学教育》2015年第1期。

反思力、决策力、创新性、自我控制、自信、宽容、灵活性、责任心、意志力、诚实正直、关注细节。

三 中小学校长胜任力要素的概念定义

基于文献挖掘、元分析的中小学校长胜任力结构要素分析研究结果，经过专家咨询和修改，参考胜任词典中对各胜任力要素的定义词条以及核心概念，结合我国中小学校长的工作环境、工作内容等，言简意赅地定义了34项胜任力要素（见表2.8）。

表2.8　中小学校长34项胜任力要素的名称及定义描述

序号	要素名称	定义描述
1	成就导向	对成功具有强烈的渴望，给自己和学校设立较高目标，追求事业的发展和卓越
2	主动性	面对学校发展具有前瞻性，提前采取行动、积极发现和创造新的机会
3	战略思考	能够设计学校的发展战略、根据全局进行中长期规划
4	信息寻求	积极主动收集有关信息、对信息定期进行更新和了解
5	挑战性	设立挑战性目标，不怕困难，勇于承担需要付出更多努力才能完成的任务
6	使命感	了解自己肩负的教育使命、具有坚定的信念
7	服务精神	专注于如何满足师生愿望、设身处地为师生着想行事
8	人际敏感	善于观察，并能在较短的时间内洞悉他人的情绪、感觉或想法
9	沟通能力	妥善处理与上级、平级、以及下级的关系，促成相互理解，获得支持与配合的能力
10	组织洞察	了解所在组织或其他组织内部正式和非正式权力关系的能力
11	关系建立	与有助于完成工作目标的人，建立良好的关系或关系网络
12	影响力	为了使他人赞成或支持自己的态度、观点或行为，采取说服、示范等方法使他人信服、赞同的能力
13	资源开发与利用	充分挖掘、利用各种有关资源和条件进行学校管理和发展
14	培养他人	主动提供发展的机会或采取行动培养教职工等
15	职权运用	能有效利用职权、下达有力的命令推动工作进展
16	领导力	表现出领导他人的愿望，具有较强的号召力，运用个人影响力实现学校发展目标
17	团队合作	为达到团队既定目标而自愿与他人合作和一起协同努力

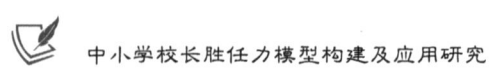

续表

序号	要素名称	定义描述
18	队伍建设	采取多种措施提高和加强全体教职工专业素养
19	组织协调	采取有效的方法促进学校内各组织间的沟通协调
20	公平公正	处理问题时公平、公正,令人信服
21	问题分析	分清主次,将复杂问题、难点问题分解具体化,再分步解决
22	专业素养	精通、钻研与自身工作岗位相关的专业知识、方法等
23	自我提高	具有终身学习的理念,在工作中不断抓住机会学习
24	反思力	对自己的决策、行为、结果进行认真的自我审视和评价
25	决策力	能对多个可行方案作分析和判断、做出果断决定
26	创新性	工作中不断研究新问题、提出新方案、创造新方法
27	自我控制	能在压力环境下保持冷静、避免冲动
28	自信	相信自己有能力或采用某种有效手段完成某项任务、解决某个问题的信念
29	宽容	允许别人有行动和判断的自由、接纳他人的差异性
30	灵活性	较快适应变化的环境、并能主动有效工作
31	责任心	充分认识到自己工作对学校发展的重要性,把实现学校发展目标当成是自己的目标
32	意志力	遇到困难时不放弃、坚定不移地完成既定目标
33	诚实正直	遵守学校制度规定和社会道德规范,遵守诺言并正确对待自己和他人
34	关注细节	在考虑全局时具备把握关键细节的能力

第三章

中小学校长胜任力假设模型的构建

中小学校长胜任力模型研究是一个涉及心理学、管理学、教育学等多学科交叉的研究领域，胜任力模型研究为中小学校长招聘、选拔、培训、评价、考核等提供了参考依据①。美国于20世纪70年代由NASSP（美国中学校长协会）建立了中学校长胜任力模型，英国于20世纪90年代初期，按照美国模式开展中小学校长胜任特征研究，建立了个体达到工作标准的中小学校长胜任力模型。②将胜任力理论移植对我国中小学校长开展胜任特征研究仅有十多年的历史③，一直未建立起类似于英美等国的全国性中小学校长胜任力模型④。因此，本章以云南省各州（市）的教体局局长、副局长、相关管理干部，中小学校长、副校长、中层领导、年级组长、科任教师等为研究对象，开展大样本调研，运用360度反馈法，在对胜任力要素进行研究并提取34个胜任力要素的基础上，分析提炼出云南中小学校长这一特定任务角色所需要具备的关键胜任特征，构建云南省中小学校长胜任力的假设模型。

---

① 程凤春：《学校管理者胜任力研究及其成果应用》，《比较教育研究》2004年第3期；张东娇：《基于胜任特征的校长遴选与培训体系》，《教育研究》2007年第1期。
② 张东娇、胡松林：《英、美中小学校长胜任特征模型对中国校长管理制度的启示》，《比较教育研究》2006年第4期。
③ 林天伦、陈思：《我国中小学校长胜任力研究述评》，《教育科学研究》2012年第6期；王清平、谢亚萍：《我国中小学校长胜任特征研究述评》，《教育导刊》2019年第6期。
④ 刘莉莉：《中小学校长胜任特征的元分析研究》，《华东师范大学学报》（教育科学版）2015年第4期。

第一节　基于 360 度反馈的研究设计

一　研究目的

在前期运用文献分析、比较研究、元分析方法对中小学校长胜任力要素进行研究，提取了 34 项胜任特征的基础上，通过大样本问卷测量（以云南省各州、市教体局、中小学校校长及相关人员为研究对象），360 度反馈法，进一步获取具有广泛代表性的调查数据，进一步提炼出中小学校长的关键胜任特征，建立云南省中小学校长胜任力的假设模型。

二　研究假设

根据对以往文献有关中小学校长胜任力通用模型进行元分析的结果，通用模型的胜任力要素以 18 个为宜。因此，云南省中小学校长胜任力模型由 18 个胜任特征构成。

三　研究方法与步骤

国内外胜任力模型实证研究成果报道中，研究通用模型的路径之一是：界定并选取特定研究范围内的高绩效研究对象，运用访谈[1]、文本分析[2]、访谈与问卷调查结合[3]等方法测量确定高绩效校长的胜任特征，构建中小学校长胜任力通用模型。本章运用 360 度反馈法[4]，通过大样本问卷调查提取中小学校长的关键胜任特征。

---

[1] 谭丽娟：《基于胜任力的中小学校长岗位培训体系研究》，硕士学位论文，广西师范学院，2011 年，第 23 页；任锋：《小学校长胜任力现状调查研究》，硕士学位论文，聊城大学，2019 年，第 22 页。

[2] 王帅：《中学名校校长胜任特征研究》，《教育学术月刊》2017 年第 7 期。

[3] 林天伦、刘志华、张爱林：《中小学校长胜任水平、影响因素及提升策略》，《教育科学研究》2014 年第 1 期。

[4] 360 度反馈法，是一种非传统的绩效评价方法，能让被评价者在多个层面得到全方位地反馈评价，从而清晰认识自身的长处和短处，以便进一步发展和改进。

（一）研究对象的选取

运用360度反馈法，全面获取数据。选取的调研对象为：云南省"万名校长培训计划"项目的学员、云南各州（市）教体局局长、副局长、相关工作人员；云南各州（市）部分中小学的校长、副校长、中层领导、年级组长、科任教师等。

（二）问卷的设计与编制

根据研究目的，编制《中小学校长胜任力调查问卷》（见附录A），问卷正文由三部分构成：一是调研对象的基本信息，了解调研对象的基本情况；二是问卷的主体部分，被试从34个胜任力要素中选出其认为最重要的18项胜任特征（根据元分析研究结果[①]）；三是开放性题目，目的是获取问卷调研中疏漏的其他重要信息。

（三）问卷调查实施

因调研对象面广人多，为有效收集数据，通过问卷星对云南省各州（市）的教体局局长、副局长、相关管理干部、中小学校长、副校长、中层领导、年级组长、科任教师等开展大样本调研；调研时间为2020年11—12月。

第二节　研究结果与讨论

一　被试基本情况

本次调研共发放问卷5980份，收回有效问卷5750份，问卷回收有效率为96.2%，见表3.1。

[①] 郑勤红、浦丽娟：《基于元分析的中小学校长胜任力模型研究》，《宁波大学学报》（教育科学版）2022年第6期。

表 3.1 被试的基本情况

	分组	人数（人）	百分比（%）	缺失值
性别	男	3049	53	0
	女	2701	47	
年龄	35岁及以下	1876	32.6	7
	36岁以上	3867	67.3	
学历	大专以下	70	1.2	0
	大专	1187	20.6	
	本科	4426	77.0	
	硕士	57	1.0	
	博士	10	0.2	
工作岗位	教体局	181	3.1	0
	中小学	5569	96.9	
任教体局职务	教体局局长	2	1.1	0
	教体局副局长	21	11.6	
	其他	158	87.3	
担任局领导年限	0—4年	8	34.8	0
	5—10年	9	39.1	
	10年以上	6	26.1	
教体局非局领导工龄	0—4年	5	3.1	0
	5—10年	11	7.0	
	10年以上	142	89.9	
学校的学段类型	中学	1483	26.7	0
	小学	3287	59.0	
	九年一贯制学校	208	3.7	
	其他	591	10.6	
所在学校类型	公立完全中学	405	7.3	0
	公立初中	1101	19.8	
	公立高中	122	2.2	
	民办公助	40	0.7	
	公立小学	3287	59.0	
	其他	614	11.0	

续表

	分组	人数（人）	百分比（%）	缺失值
在学校担任职务	校长	699	12.5	0
	副校长	838	15.0	
	中层领导	1371	24.6	
	年级组长	215	3.9	
	教研组长	299	5.4	
	科任教师	1747	31.4	
	其他	400	7.2	
担任校领导年限	0—4年	696	45.3	0
	5—10年	476	31.0	
	10年以上	365	23.7	
教师工龄	0—4年	438	10.9	0
	5—10年	911	22.6	
	10年以上	2683	66.5	
学校的城乡类型	城市	1284	23.1	0
	乡镇	4285	76.9	
学校是否寄宿制	是	3559	63.9	0
	否	2010	36.1	
地区	西双版纳	230	4.0	15
	保山	152	2.6	
	楚雄	518	9.0	
	大理	430	7.5	
	德宏	589	10.2	
	红河	266	4.6	
	昆明	677	11.8	
	丽江	121	2.1	
	临沧	707	12.3	
	怒江	174	3.0	
	普洱	321	5.6	
	曲靖	632	11.0	
	玉溪	301	5.2	
	昭通	617	10.8	

注："年龄"和"地区"两栏有少量数据缺失，导致人数不足5750人。

本研究运用360度反馈法，对云南全省16个州（市）教体局局长、教体局副局长、相关工作人员，16州（市）中小学校长、副校长、中层领导、年级组长、科任教师等开展了大样本调研，共收回有效问卷5750份，获取了具有广泛代表性的调查数据。在编制问卷时充分考虑调研对象人口学变量的完整要素，能从不同角度、不同统计口径对数据进行比较分析。被试总体样本规模大、代表性强，对提取有效数据奠定了客观、科学的基础。

第一，被试中男性占53%，女性占47%，男女比例相当，性别结构合理。

第二，年龄在35岁及以下占32.6%，36岁以上占67.3%，可知近2/3的调研对象已有较长一段时间的工作经历或经验，对于胜任力关键特征的提取能提供较为真实的主观意见。

第三，学历上大专及以下占21.8%，本科占77%，硕士及以上占1.2%，即近80%以上的被试都具有本科及以上学历，可知被试已具备一定的知识文化基础，掌握了一定的基础理论、专门知识和基本技能，具有一定的科学思维能力、解决实际问题的能力等，具备了提取有效数据的客观条件。

第四，教体局工作人员中，工龄0—4年占3.1%，5—10年占7.0%，10年以上占89.9%，可看出大部分上级教育管理人员已有较长时间的工作经历和较丰富的工作经验，其中担任局领导的年限5—10年占39.1%，10年以上占26.1%，即65.2%的局领导岗位担任年限至少5年。对中小学校长胜任力关键特征的提取提供了较科学的评价主体。

第五，中小学人员共5569人，其中，中学占比26.7%，小学占比59.0%，九年一贯制学校占3.7%，符合云南省中小学数量结构的实际（小学和中学的比例大概是4.6∶1。云南省共有小学10688所、初中学校1691所、普通高中601所）。

第六，公立完全中学占7.3%，公立初中占比19.8%，公立高中占比2.2%，民办公助学校占0.7%，公立小学占59.0%，其他类型占11.0%；城市学校占23.1%，乡镇学校占76.9%；寄宿制学校占63.9%，非寄宿制学校占 36.1%。调研充分体现了各类学校的代表性。

第七，中小学人员中，学校正职校长占 12.5%，副校长占 15.0%，中层领导占 24.6%，年级组长占 3.9%，教研组长占 5.4%，科任教师占 31.4%，其他占 7.2%。其中，担任校领导的年限，0—4 年占 45.3%，5—10 年占比 31.0%，10 年以上，占比 23.7%，即担任校领导年限在 5 年以上的占比 54.7%。被试中，超过一半的校领导都具有较长的工作资历与管理经验。

第八，云南共有 16 个州（市），本次调研被试所在地区覆盖了除文山州、迪庆州之外的 14 个州（市）：临沧 12.3%，昆明 11.8%，曲靖 11.0%，昭通 10.8%，德宏 10.2%，楚雄 9.0%，大理 7.5%，普洱 5.6%，玉溪 5.2%，红河 4.6%，西双版纳 4.0%，怒江 3.0%，保山 2.6%，丽江 2.1%。被试所在地区几乎覆盖了云南 16 个州（市）。

二 总体对胜任力要素的选择情况

由图 3.1 可知，总体对 34 项胜任力要素的选择频次最多的前 18 项胜任特征为沟通能力、服务精神、团队合作、领导力、战略思考、使命感、队伍建设、培养他人、公平公正、主动性、责任心、成就导向、组织协

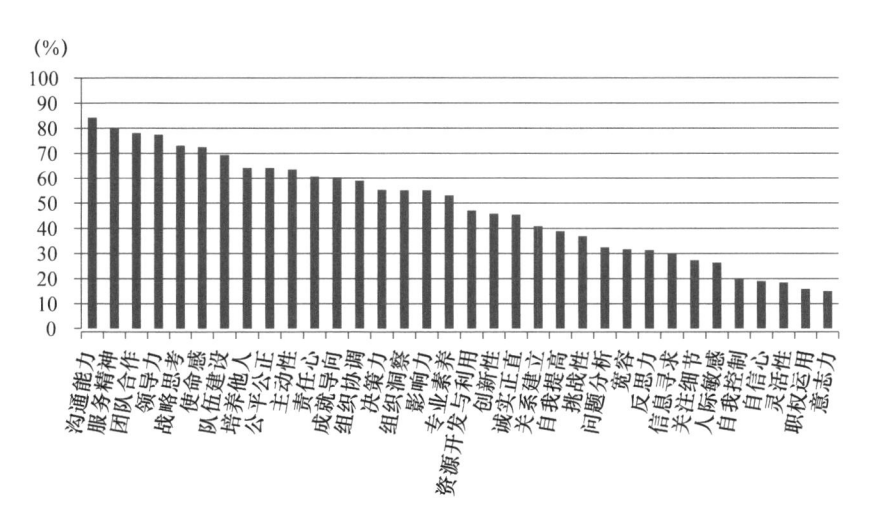

图 3.1 总体胜任力要素选择情况

调、决策力、组织洞察、影响力、专业素养和资源开发与利用。

三 胜任力要素选择的人口学变量差异分析

（一）不同性别的胜任力要素选择情况

对不同性别的被试在 34 项胜任力要素的选择进行描述性统计，结果见图 3.2，可知对于 34 项胜任力要素，男性和女性选择的频次不同。

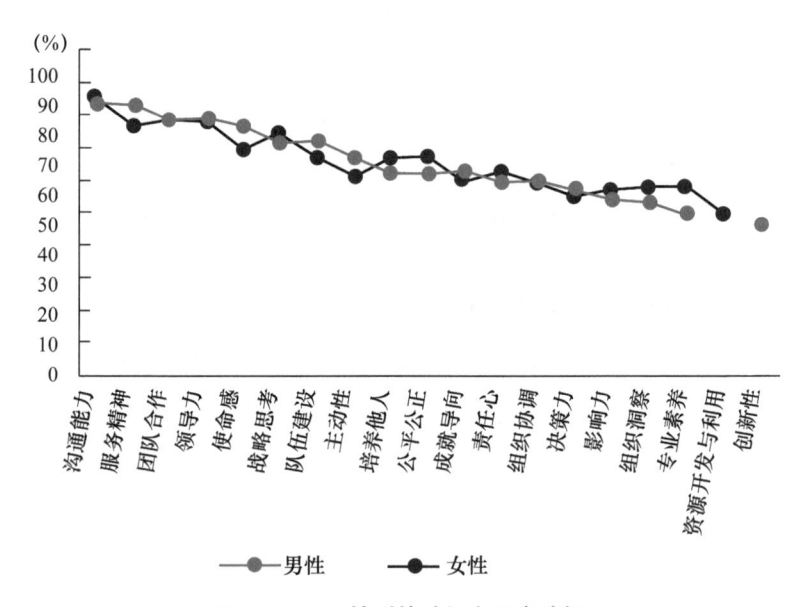

图 3.2 不同性别的胜任力要素选择

男性选择频次最多的前 18 项胜任特征为沟通能力、服务精神、团队合作、领导力、使命感、战略思考、队伍建设、主动性、培养他人、公平公正、成就导向、责任心、组织协调、决策力、影响力、组织洞察、专业素养、创新性。

女性选择频次最多的前 18 项胜任特征为沟通能力、团队合作、领导力、服务精神、战略思考、使命感、公平公正、队伍建设、培养他人、责任心、主动性、成就导向、组织协调、组织洞察、专业素养、影响力、决策力、资源开发与利用。

（二）不同职业被试的胜任力要素选择情况

对不同职业的被试在34项胜任力要素的选择进行描述性统计，结果见图3.3，可知对于34项胜任力要素，不同职业被试选择的频次不同。

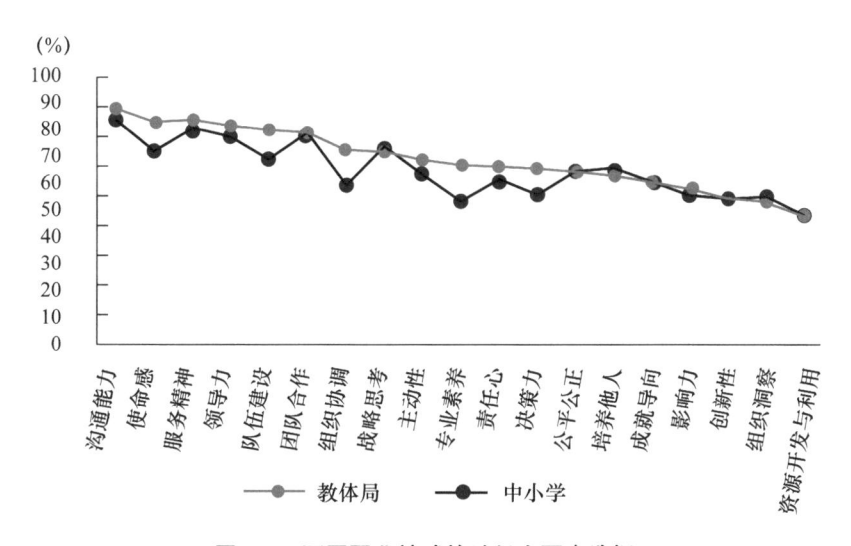

图3.3　不同职业被试的胜任力要素选择

教体局人员选择频次最多的前18项胜任特征为沟通能力、使命感、服务精神、领导力、队伍建设、团队合作、组织协调、战略思考、主动性、专业素养、责任心、决策力、公平公正、培养他人、成就导向、影响力、创新性、组织洞察。

中小学校人员选择频次最多的前18项胜任特征为沟通能力、服务精神、团队合作、领导力、战略思考、使命感、队伍建设、培养他人、公平公正、主动性、责任心、成就导向、组织协调、组织洞察、影响力、决策力、专业素养、资源开发与利用。

（三）教体局领导与非领导的胜任力要素选择情况

对教体局工作人员在34项胜任力要素的选择进行描述性统计，结果见图3.4，可知对于34项胜任力要素，局领导与非局领导选择的频次不同。

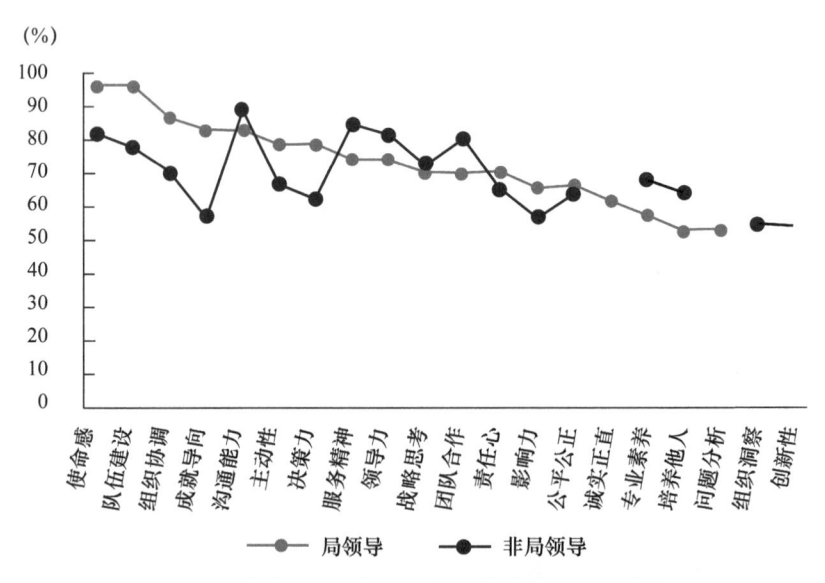

图 3.4　教体局领导与非局领导的胜任力要素选择

局领导选择频次最多的前 18 项胜任特征为使命感、队伍建设、组织协调、成就导向、沟通能力、主动性、决策力、服务精神、领导力、战略思考、团队合作、责任心、影响力、公平公正、诚实正直、专业素养、培养他人、问题分析。

非局领导选择频次最多的前 18 项胜任特征为沟通能力、服务精神、使命感、领导力、团队合作、队伍建设、战略思考、组织协调、专业素养、主动性、责任心、培养他人、公平公正、决策力、成就导向、影响力、组织洞察、创新性。

（四）学校中不同岗位的胜任力要素选择情况

对学校中不同岗位人员在 34 项胜任力要素的选择进行描述性统计，结果见图 3.5，可知对于 34 项胜任力要素，学校中不同岗位人员的胜任力要素选择频次不同。

第三章 中小学校长胜任力假设模型的构建

(%)
[图表：学校中不同岗位的胜任力要素选择折线图，横轴为沟通能力、团队合作、服务精神、使命感、领导力、队伍建设、战略思考、主动性、责任心、组织协调、公平公正、培养他人、决策力、成就导向、专业素养、组织洞察、影响力、资源开发与利用、创新性、诚实正直；图例包括校长、副校长、中层领导、年级组长、教研组长、科任教师、其他]

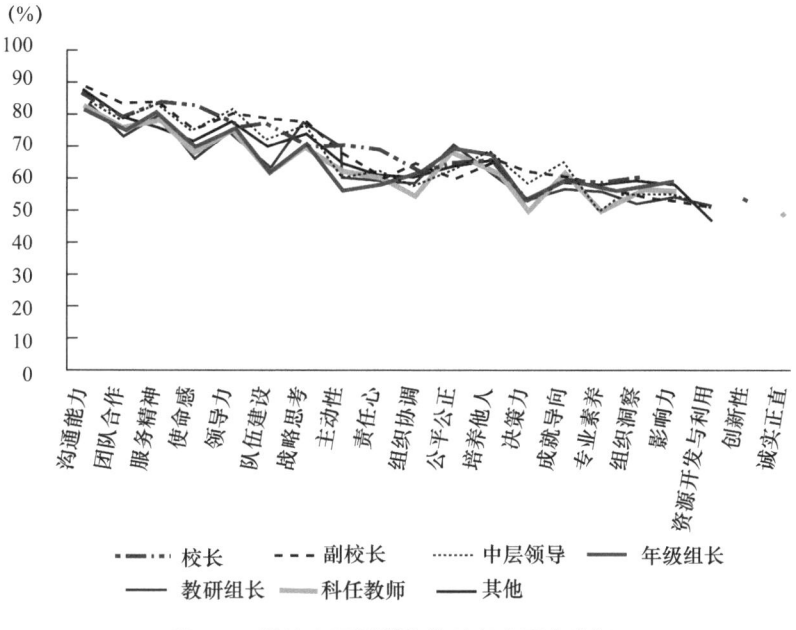

图 3.5　学校中不同岗位的胜任力要素选择

校长选择频次最多的前 18 项胜任特征为沟通能力、团队合作、服务精神、使命感、领导力、队伍建设、战略思考、主动性、责任心、组织协调、公平公正、培养他人、决策力、成就导向、专业素养、组织洞察、影响力、创新性。

副校长选择频次最多的前 18 项胜任特征为沟通能力、团队合作、服务精神、领导力、队伍建设、战略思考、使命感、主动性、培养他人、组织协调、决策力、成就导向、公平公正、责任心、专业素养、组织洞察、影响力、资源开发与利用。

中层领导选择频次最多的前 18 项胜任特征为沟通能力、服务精神、领导力、战略思考、团队合作、使命感、队伍建设、培养他人、主动性、成就导向、公平公正、责任心、组织协调、决策力、组织洞察、影响力、专业素养、资源开发与利用。

年级组长选择频次最多的前 18 项胜任特征为沟通能力、服务精神、领导力、团队合作、战略思考、公平公正、使命感、培养他人、队伍建设、

· 95 ·

成就导向、组织协调、组织洞察、责任心、主动性、专业素养、影响力、决策力、资源开发与利用。

教研组长选择频次最多的前18项胜任特征为沟通能力、服务精神、战略思考、领导力、团队合作、公平公正、使命感、队伍建设、培养他人、主动性、责任心、组织协调、成就导向、专业素养、影响力、决策力、组织洞察、资源开发与利用。

科任教师选择频次最多的前18项胜任特征为沟通能力、服务精神、团队合作、领导力、战略思考、公平公正、使命感、培养他人、队伍建设、主动性、成就导向、责任心、影响力、组织洞察、组织协调、专业素养、决策力、诚实正直。

四 对问卷中开放性题目调查结果的讨论

问卷中第三部分开放性题目收集到的信息情况：一是只有很少一部分人进行了补充；二是补充的内容比较零星，如提到以下要素：大局意识、政治素养、奉献精神、廉洁自律、忠诚、干净、担当、目标导向、团队合力、制度规范、集体意识、自我认知能力、教育灵敏度、教育信仰、改革韧性、综合修为、独立思考能力、情感真挚、宽松有度、打成一片、有远大理想、统筹力、扩建思想、互通性强、引导性强、以校为家、吃苦耐劳等。以上要素有些可整合到文献梳理出的34项胜任特征中，有些要素表述与胜任特征的内涵不相符，并且样本不具有集中趋势，不具代表性。

五 对中小学校长胜任力假设模型要素的讨论

被试对胜任力要素的选择情况（在34项胜任力要素中选择最重要的18项），即被选胜任特征的总和，理论上构成了中小学校长胜任力模型。在对被试总体、人口学变量差异比较胜任力要素选择结果的基础上，从四维视角分析调查数据：

（1）被试总体。被试总体的选择情况是确定关键胜任特征的基点和出发点；

（2）教体局管理干部。包括局领导与相关工作人员，工作绩效是判断胜任特征的重要指标①，胜任力对工作绩效具有预见性②，教体局管理干部作为学校上级教育管理领导，对校长工作绩效的评价占有主导地位；

（3）中小学校长。校长作为本角、学校的一把手，是最直接的感受者与信息反馈者；

（4）中小学副校长。副校长作为学校领导班子成员，和校长共同承担学校的决策、部署等上层管理工作，对于校长胜任力的评价具有重要作用。

据此，中小学校长胜任特征要素的提取原则为：综合四维视角评价的前18项胜任特征选择结果和出现频率大于50%（根据蒙特卡罗统计模拟算法原理和大数定律③）的胜任特征。统计结果见图3.6。

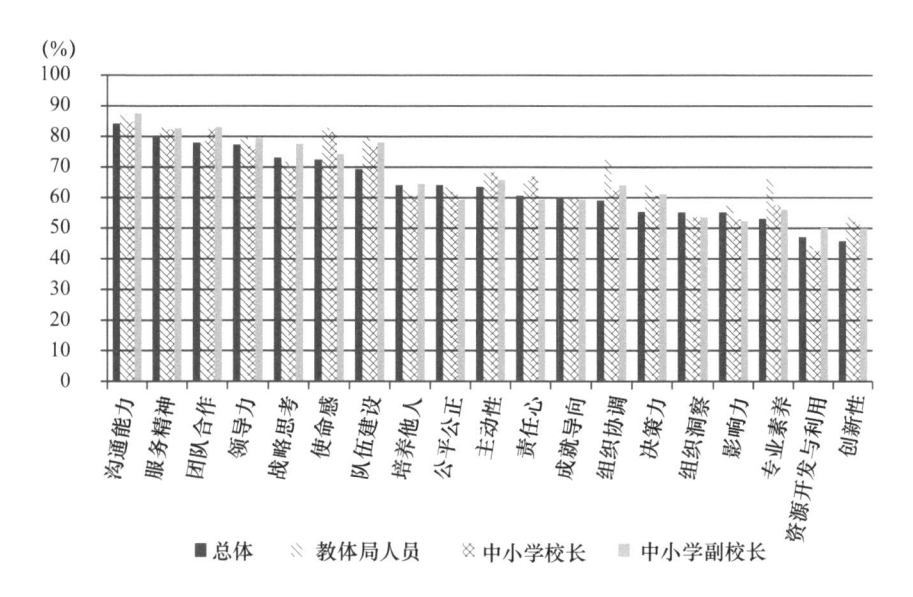

图3.6 不同主体的胜任力要素选择情况

---

① ［美］戴维·D. 杜波依斯等：《基于胜任力的人力资源管理》，于广涛等译，中国人民大学出版社2006年版，第11—17页；王清平、谢亚萍：《我国中小学校长胜任特征研究述评》，《教育导刊》2019年第6期。

② 王芳：《中小学校长胜任力模型及其与绩效的关系研究》，博士学位论文，南京师范大学，2008年，第6页。

③ 王晓东编著：《计算机算法设计与分析》，电子工业出版社2001年版，第222—223页。

由图可知,"总体""教体局人员""中小学校长""中小学副校长"这四个评价主体对胜任力要素选择的共同要素有 17 个:沟通能力、服务精神、团队合作、领导力、战略思考、使命感、队伍建设、培养他人、公平公正、主动性、责任心、成就导向、组织协调、决策力、组织洞察、影响力、专业素养;且每一项胜任力要素的选择率都在 50% 以上。

唯一一个不同的胜任力要素是:"总体"和"中小学副校长"选择了"资源开发与利用",选择率分别为 47.1%、50%;"教体局工作人员""中小学校长"选择的是"创新性",选择率分别为 53.6%、52.2%。因此,按照"选择结果和出现频率大于 50%"的原则,确定将"创新性"这个要素列入胜任力模型之列。

因此,综合分析大样本调查结果,由沟通能力、服务精神、团队合作、领导力、战略思考、使命感、队伍建设、培养他人、公平公正、主动性、责任心、成就导向、组织协调、决策力、组织洞察、影响力、专业素养、创新性 18 项胜任特征构成中小学校长胜任力假设模型。

第四章

中小学校长胜任力模型的修正与构建

以中小学正职校长为研究对象开展实证研究，修正上一阶段运用360度反馈法构建的假设模型（由18项胜任特征构成）是构建中小学校长胜任力理论模型必不可少的环节。中小学校长胜任假设模型的18项胜任特征是否彼此泾渭分明？各要素内涵是否可以再次整合或进行提炼？所建立的中小学校长胜任力假设模型是否科学？回答这些问题，就需要以云南省"万名校长培训计划"项目的学员及云南各州（市）的中小学正职校长为研究对象，开展预测试和大样本测试，检验量表的信度和效度，不断修订量表项目，用实证的方法修正和构建中小学校长胜任力模型。

第一节 基于大样本实证的研究设计

一 研究目的

编制中小学校长胜任力调查量表，以云南省"万名校长培训计划"项目的学员及云南各地的中小学校长为研究对象，开展预测试和大样本测试，检验量表的信度和效度，不断修订量表项目，用实证的方法修正云南省中小学校长胜任力模型。

二 研究假设

云南省中小学校长胜任力模型由沟通能力、服务精神、团队合作、领导力、战略思考、使命感、队伍建设、培养他人、公平公正、主动性、责任心、成就导向、组织协调、决策力、组织洞察、影响力、专业素养、创新性18个胜任特征构成。

三 研究方法与步骤

（一）中小学校长胜任力调查量表研制

根据研究目的，第一步需研究和编制《中小学校长胜任力调查量表》（见附录B）。本阶段调研采用自评的方式获取数据。问卷分为指导语和正文部分。为控制被试的心理负担，尽量减少无关因素对有效数据的获取，对本问卷的正文顺序做了相应调整：

量表正文由三部分构成：一是主体部分。参照Hay/McBer公司1996年版胜任力分级素质词典中对每个胜任特征词义及行为描述的界定，参考戴瑜、刘维良胜任力词典相关研究成果[①]，结合中小学校长工作情境，将第一阶段所提取的18项胜任特征，编制成校长行为描述条目，并采用Likert五级量表进行校长自评；二是测量被试社会赞许性问题部分。因为本量表主要采用自评的方式获取数据，为分析与控制中小学校长填答问卷的社会赞许性水平，量表的中文版取自于汪向东《心理卫生评定量表手册》[②]，主要测量两个方面：自欺性拔高（做出诚实但存在正性偏差自我陈述的倾向）和操纵印象（有意识地伪装自我）；三是调研对象的基本信息，目的是了解调研对象的人口学基本情况。

（二）运用专家咨询法检验量表的内容效度

参照Hay/McBer公司1996年版胜任力分级素质词典中对每个胜任特征词义及行为描述的界定，参考戴瑜、刘维良胜任力词典相关研究成果[③]，

[①] 戴瑜：《中小学校长胜任力研究——以宁波为例》，博士学位论文，华东师范大学，2008年，第86—103页；刘维良：《校长胜任力研究与应用》，重庆大学出版社2014年版，第86—143页。

[②] 汪向东、王希林、马弘编：《心理卫生评定量表手册》（增订版），中国心理卫生杂志社1999年版，第391—394页。

[③] 戴瑜：《中小学校长胜任力研究——以宁波为例》，博士学位论文，华东师范大学，2008年，第86—103页；刘维良：《校长胜任力研究与应用》，重庆大学出版社2014年版，第86—143页。

结合中小学校长工作情境，将第一阶段所提取的 18 项胜任特征，最初编制了包括正向和反向共 123 条中小学校长行为描述题目，然后采用专家咨询法对其进行内容效度检验。

具体做法是：邀请了包含教育学教授、管理学教授、心理学教授、中学一线管理者、基础教育研究人员等 8 位专家对编制的量表项目进行评价和修改，全方位听取意见。修订的标准是：关联度，即每一行为描述条目与胜任特征之间的紧密程度；准确性，即每一条目的语法特征没有歧义，通俗易懂，言简意赅。根据专家提出的意见，删改表述不清、表面区分度较差的项目，经过几轮的修改完善，最终确定了 87 项校长胜任力行为描述题目。

（三）实施小样本预测试检验量表题目的编写质量

见微知著，在大样本测试之前实施小样本的预测试，可以提前审查调查量表题目的科学性、规范性，并进行修订。在调查量表进行内容效度检验后，本研究在大样本测试前开展 4 轮预测试来检验量表题目的编写质量（见表 4.1）。

具体做法是：每一次预测试后，测量每个胜任特征题目的内部一致性系数（Cronbach's α 系数）以及题目的区分度，根据测量的可接受标准，同时考虑被试的社会赞许性情况，删除或调整、修改题目，然后再进行下一次预测试，直到统计指标达到可接受的标准；每一次预测试的样本都不重复，这样获得的数据才具有验证性。经过 4 轮小样本预测试检验，在大样本测试前，最终校长胜任力行为描述题目修改为 83 题。

表 4.1　　　　　　　　　　预测试统计表

序号	时间	题量（题）	答卷数量（人）	有效样本（人）	调研对象
1	2021.05.25	87	15	15	中小学校长
2	2021.06.01	84	27	25	中小学校长
3	2021.06.17	81	25	21	中小学校长
4	2021.07.02	17	142	103	中小学校长

备注：表中的题量指的是调查量表正文第一部分（主体部分）的题目数量。

（四）实施大样本测试进行验证性因素分析

通过预测试对调查量表的信度进行检验后，开始实施大样本测试，考虑到问卷填答存在赞许性问题，量表加了3题测谎题。采用因素分析的方法检验量表的结构效度，对云南省中小学校长胜任力模型进行修正和构建。此阶段共实施了3次大样本测试（见表4.2），并保证每一轮测试的样本都不重复，与小样本预测的样本也不重复，保证数据验证的科学性和有效性。

表4.2　　　　　　　　　　大样本测试统计表

序号	时间	题量（题）	答卷数量（人）	有效样本（人）	调研对象
1	2021.07	86	423	333	中小学校长
2	2021.12	76	362	257	中小学校长
3	2022.09	77	2200	2104	中小学校长

备注：表中的题量指的是调查量表正文第一部分（主体部分）的题目数量。

第二节　研究结果与讨论

一　小样本预测试结果与讨论

本章基于18项校长胜任特征，结合文献查阅，编制中小学校长自评的胜任力调查量表。首先通过4轮小样本预测，不断修正18项胜任特征的测评条目，以确保每项胜任特征的测评条目具有可接受的内部一致性，即克伦巴赫α系数需大于0.6；并确保每个测评条目对于不同胜任程度的校长有一定的区分度，即条目得分与理论上的维度得分相关大于0.3。

具体过程中，第一轮预测（n=15）后修改了服务精神、组织洞察、培养他人、公平公正、决策力、创新性、影响力、使命感共8个维度的测评条目；第二轮预测（n=25）后继续修改公平公正、决策力、创新性3个维度的测评条目；第三轮预测（n=21）后继续修改公平公正、决策力2

个维度的测评条目,并针对内部一致性不太理想的组织洞察、组织协调 2 个维度进行了局部调整;第四轮预测(n = 103)后,形成包含 83 个测评条目的校长胜任特征自评问卷。

由于在前三轮预测试中,均发现校长群体在《期待性回答平衡问卷》的自欺性拔高维度上,得分显著高于该问卷开发者的样本,而在操纵印象维度上的得分则无显著区别。为此在第四轮预测中,调研对象除了 103 名中小学校长外,还调研了学校中层领导(134 人)和普通教师(32 人)的自欺性拔高情况。结果显示三者自欺性拔高的得分存在显著差异,$F(2, 224) = 5.339$,$p < 0.01$,偏 $\eta^2 = 0.045$,校长、中层领导、教师的平均分分别为 11.46、9.96、8.31,分数越高自欺性拔高倾向越明显,这提示校长群体具有明显的自欺性拔高作答倾向,后续分析校长自评胜任特征时,须对自欺性拔高进行统计控制。

二 大样本测试被试基本情况

在编制量表时充分考虑调研对象人口学变量的完整要素,能从不同角度、不同统计口径对数据进行比较分析。被试样本代表性强,对提取有效数据奠定了客观、科学的基础。

(一) 第一次大样本测试被试基本情况

本次调研共有云南全省 16 个州(市)的 423 名正职校长填写了问卷,考虑到问卷填答存在赞许性问题,去除高赞许性即测谎题未通过的 90 份问卷,保留 333 份。描述统计见表 4.3。

表 4.3   有效正职校长的人口学分布 (N = 333)

	分组	人数(人)	百分比(%)
性别	男	273	82.0
	女	60	18.0
民族	汉族	234	70.3
	少数民族	99	29.7

续表

	分组	人数（人）	百分比（%）
学历	大专及以下	37	11.1
	本科	286	85.9
	硕博研究生	10	3.0
学校的学段类型	小学	245	73.6
	初中	36	10.8
	高中	17	5.1
	完中（初中和高中都有）	18	5.4
	九年一贯制学校	12	3.6
	其他	5	1.5
任职年限	0—4 年	147	44.2
	5—10 年	130	39.0
	10 年以上	56	16.8
学校的城乡类型	城市学校	70	21.0
	乡镇学校	263	79.0
地区	保山	31	9.3
	楚雄	14	4.2
	大理	35	10.5
	德宏	19	5.7
	迪庆	1	0.3
	红河	27	8.1
	昆明	51	15.3
	丽江	9	2.7
	临沧	7	2.1
	怒江	4	1.2
	普洱	8	2.4
	曲靖	44	13.2
	文山	24	7.2
	西双版纳	4	1.2
	玉溪	1	0.3
	昭通	43	12.9

注："地区"一栏有少量缺失值，导致该栏人数合计不足 333 人，百分比不足 100%。

从表4.3可知：

第一，从性别来看，男性273人，占比82%；女性60人，占比18%。可推测出云南省中小学校长中，男性的占比远高于女性。

第二，从民族来看，汉族234人，占比70.3%；少数民族99人，占比29.7%。研究结果较好地体现了云南少数民族特点（接近云南省少数民族人口比例33.12%[①]）。

第三，从学历结构来看，大专及以下37人，占比11.1%；本科286人，占比85.9%；硕博研究生10人，占比3%。将近90%的被试都具有本科及以上学历，可知被试已具备一定的知识文化基础，掌握了一定的基础理论、专门知识和基本技能，具有一定的科学思维能力、解决实际问题的能力等，具备了提取有效数据的客观条件。

第四，从学校类型来看，333人中，小学245人，占比73.6%，中学71人，占比21.3%，九年一贯制学校12人，占比3.6%；城市学校70人，占比21%，乡镇学校263人，占比79%。符合云南省中小学数量结构的实际（小学和中学的比例大概是4.6∶1），充分体现了各类学校的代表性。

第五，从担任校长的年限来看，0—4年147人，占比44.2%，5—10年130人，占比39%，10年以上56人，占比16.8%。即担任校长年限在5年以上的占比55.8%。被试中，超过一半的校长都具有较长的工作资历与管理经验。

第六，从被试所在地区来看，333人覆盖了云南全省16个州（市）。人数依次为：昆明、曲靖、昭通、大理、保山、红河、文山、德宏、楚雄、丽江、普洱、临沧、怒江、西双版纳、玉溪、迪庆。中小学校长来自云南全省各州（市），能够综合反映云南省的情况。

（二）第二次大样本测试被试基本情况

云南全省16个州（市）的362名正职校长填写了问卷，考虑到问卷填答存在赞许性问题，去除高赞许性即测谎题未通过的105份问卷，保留257份。描述统计见表4.4。

---

① 云南省统计局编：《云南统计年鉴2022》，中国统计出版社2022年版。

表4.4　　　中小学正职校长的人口学分布情况（N = 257）

	分组	人数（人）	百分比（%）
性别	男	220	85.6
	女	37	14.4
民族	汉族	171	66.5
	少数民族	86	33.5
学历	大专及以下	37	14.4
	本科	217	84.4
	硕博研究生	3	1.2
学校的学段类型	小学	203	79.0
	初中	27	10.5
	高中	7	2.7
	完中（初中和高中都有）	7	2.7
	九年一贯制学校	12	4.7
	其他	1	0.4
任职年限	0—4年	143	55.7
	5—10年	71	27.6
	10年以上	43	16.7
学校的城乡类型	城市学校	31	12.1
	乡镇学校	226	87.9
地区	保山	38	14.8
	楚雄	7	2.7
	大理	22	8.6
	德宏	8	3.1
	迪庆	2	0.8
	红河	18	7.0
	昆明	17	6.6
	丽江	2	0.8
	临沧	11	4.3
	怒江	3	1.2
	普洱	2	0.8
	曲靖	61	23.7
	文山	25	9.7
	西双版纳	6	2.3
	玉溪	8	3.1
	昭通	24	9.3

注："地区"一栏有少量缺失值，导致该栏人数合计不足257人，百分比不足100%。

从表4.4可知：

第一，从性别来看，男性220人，占比85.6%；女性37人，占比14.4%。可推测出云南省中小学校长中，男性的占比远高于女性。

第二，从民族来看，汉族171人，占比66.5%；少数民族86人，占比33.5%。本研究充分体现了云南少数民族特点（云南省少数民族人口比例33.12%[①]）。

第三，从学历结构来看，大专及以下37人，占比14.4%；本科217人，占比84.4%；硕博研究生3人，占比1.2%。即85%的被试都具有本科及以上学历，可知被试已具备一定的知识文化基础，掌握了一定的基础理论、专门知识和基本技能，具有一定的科学思维能力、解决实际问题的能力等，具备提取有效数据的客观条件。

第四，从学校类型来看，257人中，小学203人，占比79%，中学41人，占比15.9%，九年一贯制学校12人，占比4.7%；城市学校31人，占比12.1%，乡镇学校226人，占比87.9%。符合云南省中小学数量结构的实际（小学和中学的比例大概是4.6∶1），充分体现了各类学校的代表性。

第五，从担任校长的年限来看，0—4年143人，占比55.7%，5—10年71人，占比27.6%，10年以上43人，占比16.7%。即担任校长年限在5年以上的占比44.3%。被试中，接近一半的校长都具有较长的工作资历与管理经验。

第六，从被试所在地区来看，257人覆盖了云南全省16个州（市）。人数从高到低的地区依次为：曲靖、保山、文山、昭通、大理、红河、昆明、临沧、德宏、玉溪、楚雄、西双版纳、怒江、丽江、普洱、迪庆。中小学校长来自云南全省各州（市），能够综合反映云南省的情况。

---

① 云南省统计局编：《云南统计年鉴2022》，中国统计出版社2022年版。

(三) 第三次大样本测试被试基本情况

云南全省16个州（市）的2200名中小学正职校长填写了问卷，保持同一删除标准，保留2104份有效问卷，问卷回收有效率为95.6%。其人口学分布情况如表4.5。

表4.5　　　　　　正职校长的人口学分布情况（N = 2104）

分组依据	不同组别	人数（人）	百分比（%）
性别	男	1779	84.6
	女	325	15.4
民族	汉族	1315	62.5
	少数民族	789	37.5
学历	大专以下	24	1.1
	大专	473	22.5
	本科	1585	75.3
	硕博研究生	22	1.1
学校的学段类型	小学	1561	74.2
	初中	334	15.9
	高中	28	1.3
	完中（初中和高中都有）	47	2.2
	九年一贯制学校	77	3.7
任职年限	0—4年	1033	49.1
	5—10年	598	28.4
	10年以上	473	22.5
学校城乡类型	城市学校	241	11.5
	乡镇学校	1863	88.5
任教情况	同时担任教学工作	1974	93.8
	不担任教学工作	130	6.2

续表

分组依据	不同组别	人数（人）	百分比（%）
地区	保山	177	8.4
	楚雄	177	8.4
	大理	394	18.7
	德宏	76	3.6
	迪庆	16	0.8
	红河	245	11.6
	昆明	128	6.1
	丽江	52	2.5
	临沧	125	5.9
	怒江	10	0.5
	普洱	64	3.0
	曲靖	278	13.2
	文山	57	2.7
	西双版纳	56	2.7
	玉溪	40	1.9
	昭通	158	7.5

注："学校的学段类型"和"地区"两栏有少量缺失值，导致人数合计不足2104人，百分比不足100%。

从表4.5可知：

第一，从性别来看，男性1779人，占比84.6%；女性325人，占比15.4%。可推测出云南省中小学校长中，男性的占比远高于女性。

第二，从民族来看，汉族1315人，占比62.5%；少数民族789人，占比37.5%。本研究充分体现了云南少数民族特点（略高于云南省少数民族人口比例33.12%[1]）。

第三，从学历结构来看，大专及以下497人，占比23.6%；本科1585

---

[1] 云南省统计局编：《云南统计年鉴2022》，中国统计出版社2022年版。

人，占比75.3%；硕博研究生22人，占比1.1%。即76.4%的被试都具有本科及以上学历，可知被试已具备一定的知识文化基础，掌握了一定的基础理论、专门知识和基本技能，具有一定的科学思维能力、解决实际问题的能力等，具备了提取有效数据的客观条件。

第四，从学校类型来看，小学1561人，占比74.2%，中学409人，占比19.4%，九年一贯制学校77人，占比3.7%；城市学校241人，占比11.5%，乡镇学校1863人，占比88.5%。符合云南省中小学数量结构的实际（小学和中学的比例大概是4.6∶1），充分体现了各类学校的代表性。

第五，从担任校长的年限来看，0—4年1033人，占比49.1%，5—10年598人，占比28.4%，10年以上473人，占比22.5%。即担任校长年限在5年以上的占比50.9%。被试中，一半的校长都具有较长的工作资历与管理经验。

第六，从任教情况来看，2104名校长中，其中1974人还承担了教学工作，占比93.8%；未承担教学工作的有130人，占比6.2%。

第七，从被试所在地区来看，2104人覆盖了云南全省16个州（市）。人数从高到低的地区依次为：大理、曲靖、红河、保山、楚雄、昭通、昆明、临沧、德宏、普洱、文山、西双版纳、丽江、玉溪、迪庆、怒江。中小学校长来自云南全省各州（市），能够综合反映云南省的情况。

三 大样本测试结果与讨论

（一）第一次大样本测试

在包含83个测评条目的校长胜任特征自评问卷中，加入三个摘自明尼苏达多项人格问卷的测谎题，以剔除可能并未认真填答问卷的校长。423名正职校长填写了问卷，兼顾因素分析需要的样本量和测谎题的通过情况，删除测谎题上答案最极端的90名校长，保留333份数据。

首先使用统计软件Mplus 7.4对333份有效问卷进行18项胜任特征维度内的验证性因素分析，删除14个条目后，18个单维因子的拟合均良好，$RMSEA<0.05$，$CFI>0.9$，$TLI>0.9$，$SRMR<0.05$。

然后控制社会赞许性（它包含自欺性拔高和操纵印象两个方面），对剩余的69个条目进行验证性因素分析，结合载荷、因子相关、模型修正指数探索可接受的模型，删除交叉载荷严重的条目（在两个维度上载荷均大于0.4，载荷差异却小于0.2），删除载荷小于0.4的条目，删除归属于非理论维度（在非理论维度模型修正指数大于10）也难以解释的条目，同时合并相关接近1并导致潜变量协方差矩阵非正定问题的因子。

由于理论上的18项胜任特征彼此之间交叉重合，本次测试仅成就导向、公平公正维度和理论框架一致，相对独立的构成因子，其余维度则以合并重组的方式被整合为5个维度。具体来看，战略思考、队伍建设、决策力、主动性被合并为一个维度，服务精神、责任心、使命感被合并为一个维度，影响力、培养他人、领导力被合并为一个维度，团队合作、专业素养、创新性被合并为一个维度，沟通能力、组织洞察、组织协调被合并为一个维度，见表4.6。

表4.6　　　　　　　　　验证性因素分析获取的因子及载荷

A因子		B因子		C因子		D因子		E因子		F因子		G因子	
条目	载荷	条目	载荷	条目	载荷	条目	载荷	条目	载荷	条目	载荷	条目	载荷
Q10	0.590	Q36	0.693	Q68	0.622	Q31	0.701	Q79	0.744	Q45	0.648	Q82	0.641
Q64	0.709	Q25	0.716	Q56	0.444	Q28	0.800	Q52	0.690	Q39	0.565	Q76	0.595
Q34	0.638	Q20	0.588	Q53	0.740	Q41	0.557	Q50	0.669	Q67	0.618	Q43	0.491
		Q32	0.763	Q62	0.755	Q27	0.721	Q80	0.620	Q37	0.623		
		Q46	0.514	Q55	0.696	Q29	0.719	Q72	0.548	Q13	0.525		
				Q74	0.678			Q61	0.618				
								Q47	0.586				
								Q59	0.674				

注：A因子：成就导向；B因子：合并服务精神、责任心、使命感；C因子：合并影响力、培养他人、领导力；D因子：合并团队合作、专业素养、创新性；E因子：合并战略思考、队伍建设、决策力、主动性；F因子：合并沟通能力、组织洞察、组织协调；G因子：公平公正。

上述 7 个因子包含 35 个条目，虽然模型拟合尚可，RMSEA = 0.025，CFI = 0.901，TLI = 0.890，SRMR = 0.057，χ^2/df = 1.212，但结合合并前维度的理论重要性、合并后维度的合理性，确定修改、补充部分条目后，再次检验胜任力问卷，形成了包含 73 个条目的校长胜任特征自评量表，准备开展下一次大样本测试。

（二）第二次大样本测试

362 名正职校长填写了第二次大样本测试的问卷，兼顾因素分析需要的样本量和测谎题的通过情况，删除测谎题上答案最极端的 105 名校长，保留 257 份数据。

使用统计软件 Mplus7.4 对 257 份有效问卷进行 18 项胜任特征维度内的验证性因素分析，组织洞察与影响力维度拟合指数低，经修正也无法改善，故先删除理论上归属这两个维度的 8 个条目。

在剩下的 65 个条目中，对于上一次大样本测试后只做了删题而没有补充或修改条目的维度，保持上一次的验证性因素分析修正结果，有补充或修改过条目的维度，则保留该维度进入验证性因素分析。控制社会赞许性（它包含自欺性拔高和操纵印象两个方面），对 65 个条目进行验证性因素分析，结合载荷、因子相关、模型修正指数再次探索可接受的模型，删除交叉载荷严重的条目（在两个维度上载荷均大于 0.4，载荷差异却小于 0.2），删除载荷小于 0.4 的条目，删除归属于非理论维度（在非理论维度模型修正指数大于 10）也难以解释的条目，同时合并相关接近 1 并导致潜变量协方差矩阵非正定问题的因子。

本次测试保留了理论框架中的成就导向（与上次一致）、公平公正（与上次一致）、服务精神（相比上次从使命与责任维度中独立出来）；理论框架中的责任心、使命感合并为一个维度，命名为使命与责任（与上次一致）；理论框架中的沟通能力、组织协调合并为一个维度，命名为沟通与协调（与上次一致）；理论框架中的战略思考、决策力、培养他人、队伍建设合并为一个维度，命名为规划与建设（与上次基本一致，不同在于培养他人也合并到了这一代表长远发展与决策的维度中，意义更加明确）；

领导力、团队合作、创新性、主动性合并为一个维度，命名为领导与创新（团队合作、创新性、主动性在上一次测试后均修改过题目）。影响力和专业素养维度的条目由于与其他维度交叉载荷严重被删除，组织洞察维度因内部一致性不够稳定被删除，见表4.7。

表4.7　　　　　　　验证性因素分析获取的因子及载荷

A因子		B因子		C因子		D因子		E因子		F因子		G因子	
条目	载荷	条目	载荷	条目	载荷	条目	载荷	条目	载荷	条目	载荷	条目	载荷
Q8	0.650	Q33	0.588	Q20	0.737	Q53	0.708	Q69	0.802	Q48	0.748	Q65	0.723
Q11	0.748	Q54	0.763	Q28	0.737	Q75	0.806	Q70	0.808	Q41	0.550	Q35	0.707
Q15	0.685	Q40	0.573	Q14	0.705	Q71	0.797	Q21	0.634	Q57	0.713	Q30	0.697
				Q27	0.761	Q52	0.707	Q62	0.700	Q50	0.765	Q45	0.679
				Q10	0.658	Q74	0.850			Q56	0.747	Q49	0.667
				Q25	0.773	Q72	0.807						
				Q19	0.686	Q76	0.821						
						Q73	0.790						
						Q29	0.735						

注：A因子：成就导向；B因子：公平公正；C因子：规划与建设（合并战略思考、决策力、培养他人、队伍建设）；D因子：领导与创新（合并领导力、团队合作、创新性、主动性）；E因子：服务精神；F因子：使命与责任（合并责任心、使命感）；G因子：沟通与协调（合并沟通能力、组织协调）。

上述7个因子涵盖了原理论框架18个维度中的15个维度，包含36个条目，验证性因素分析模型拟合良好，RMSEA = 0.028，CFI = 0.915，TLI = 0.905，SRMR = 0.049，χ^2/df = 1.196，问卷整体内部一致性信度系数为0.937。各个条目的维度归属及维度的内部一致性信度系数见表4.8。

表 4.8　　各个条目的维度归属及维度的内部一致性信度系数

维度名称	内部一致性信度系数	条目标识
F1 成就导向	0.735	A3，A4，A5
F2 公平公正	0.662	L1，L2，L3
F3 服务精神	0.817	C1，C2，C3，C4
F4 使命与责任	0.825	P1，P2，P3，Q2，Q3
F5 沟通与协调	0.823	K1，K2，K3，D1，F1
F6 规划与建设	0.882	B1，B2，G3，G4，J1，N2，N3
F7 领导与创新	0.931	H1，H2，I2，I3，R1，R2，R3，O1，O3

将成就导向的反向题反向计分后，获取各个维度、总分以及社会赞许性的相关，对角线为均值和标准差。见表 4.9 中所有的相关均在 0.01 水平上显著。7 个维度间的两两相关在 0.345—0.824 之间，平均为 0.617；7 个维度与总分的相关在 0.582—0.924 之间，平均为 0.816，上述相关均高于与社会赞许性即自欺性拔高和操纵印象的相关，表明问卷各维度都围绕胜任特征的不同方面进行测查。

表 4.9　　各个维度和总分的相关

	F1	F2	F3	F4	F5	F6	F7	T
F1 成就导向	1							
F2 公平公正	0.345	1						
F3 服务精神	0.417	0.655	1					
F4 使命与责任	0.419	0.681	0.75	1				
F5 沟通与协调	0.437	0.637	0.789	0.765	1			
F6 规划与建设	0.397	0.472	0.671	0.642	0.714	1		
F7 领导与创新	0.426	0.639	0.789	0.824	0.82	0.676	1	
T 胜任力总分	0.582	0.731	0.871	0.882	0.901	0.823	0.924	1

进一步检验胜任力的多维性及与社会赞许性的区分情况，通过验证性因素分析进行模型比较，其中 M1 为 7 个胜任力维度和 2 个社会赞许性维度的模型，M2 为将 7 个胜任力维度合并为 1 个维度并保留 2 个社会赞许性维度的模型；M3 为将 7 个胜任力维度及自欺性拔高合并为 1 个维度并保留

操纵印象维度的模型；M4 将 7 个胜任力维度及操纵印象合并为 1 个维度并保留自欺性拔高维度的模型，M5 为将 7 个胜任力维度和 2 个社会赞许性维度整合为 1 个维度的模型。5 个模型的拟合情况见表 4.10，理论模型 M1 是最适当的模型，即胜任力是多维度的，且尽管胜任力的测量与社会赞许性有一定相关，但二者是不同的理论概念。

表 4.10　　　　　　　各个竞争模型的拟合情况比较

模型编号	RMSEA	CFI	TLI	SRMR	χ^2/df
M1	0.028	0.914	0.905	0.051	1.196
M2	0.038	0.829	0.819	0.061	1.373
M3	0.029	0.813	0.806	0.064	1.212
M4	0.031	0.798	0.790	0.063	1.240
M5	0.039	0.822	0.812	0.061	1.386

（三）第三次大样本测试

首先，量表继续采用汪向东《心理卫生评定量表手册》[①] 中的期待性平衡问卷。本次样本和之前样本结果类似，校长自填问卷的社会赞许性水平无论在自欺性拔高还是操纵印象方面均高于普通群体（平均为 7 和 8）。见表 4.11。

表 4.11　　　　　　　正职校长的社会赞许性情况

	均值	标准差
自欺性拔高	10.634	4.373
操纵印象	8.880	4.333

然后，使用 Mplus 7.4 对 2104 份校长自评胜任力问卷进行验证性因素分析，再次确认之前的校长胜任力问卷维度结构。本次样本量对于因素分析更充裕，故除了对之前表现不好的少量问卷条目进行了局部修改外，尽

---

① 汪向东、王希林、马弘编：《心理卫生评定量表手册》（增订版），中国心理卫生杂志社 1999 年版，第 391—394 页。

量保留理论构想中的测评维度及题目，共74个条目参与分析。

控制社会赞许性（包含自欺性拔高和操纵印象两个方面），对74个胜任力自评条目进行验证性因素分析，结合载荷、因子相关、模型修正指数的情况，删除交叉载荷严重的条目（在两个维度上载荷均大于0.4，载荷差异却小于0.2），删除载荷小于0.4的条目，删除归属于非理论维度（在非理论维度模型修正指数大于10）也难以解释的条目，同时合并相关接近1并导致潜变量协方差矩阵非正定问题的因子。

本次保留了理论框架中的成就导向（与上次一致）、公平公正（与上次一致）、服务精神（与上次一致）、专业素养；理论框架中的沟通能力、影响力、组织协调合并为一个维度，命名为"沟通与协调"；理论框架中的战略思考、培养他人、队伍建设合并为一个维度，命名为"规划与建设"；决策力、主动性、创新性合并为一个维度，命名为"决策与创新"；理论框架中的领导力、团队合作、责任心、使命感合并为一个维度，命名为"领导与责任"；理论框架中的组织洞察维度因内部一致性不足且无法整合到其他维度而删除（与上次一致），见表4.12。

表4.12　　　　验证性因素分析获取的因子及载荷

A因子		B因子		C因子		D因子		E因子		F因子		G因子		H因子	
条目	载荷	条目	载荷	条目	载荷	条目	载荷	条目	载荷	条目	载荷	条目	载荷	条目	载荷
Q4	0.539	Q2	0.511	Q20	0.732	Q40	0.703	Q31	0.770	Q19	0.718	Q67	0.510	Q8	0.792
Q25	0.679	Q10	0.791	Q28	0.587	Q53	0.625	Q42	0.684	Q14	0.790	Q23	0.735	Q15	0.857
Q27	0.834	Q13	0.778	Q33	0.708	Q57	0.591	Q35	0.769	Q18	0.776	Q76	0.325	Q1	0.443
		Q6	0.705			Q70	0.561	Q45	0.764	Q17	0.721	Q26	0.763	Q7	0.742
						Q44	0.698	Q50	0.602	Q22	0.781	Q24	0.762	Q16	0.794
						Q59	0.594	Q29	0.714	Q65	0.464			Q71	0.326
								Q32	0.786	Q3	0.487				
								Q34	0.780						
								Q64	0.633						

注：A因子：成就导向；B因子：服务精神；C因子：公平公正；D因子：专业素养；E因子：领导与责任（合并领导力、团队合作、责任心、使命感）；F因子：决策与创新（合并决策力、主动性、创新性）；G因子：沟通与协调（合并沟通能力、影响力、组织协调）；H因子：规划与建设（合并战略思考、培养他人、队伍建设）。

上述 8 个因子涵盖了原理论框架 18 个维度中的 17 个维度,包含 43 个条目,验证性因素分析模型拟合良好,RMSEA = 0.028,CFI = 0.911,TLI = 0.902,SRMR = 0.047,$\chi^2/df = 2.71$,问卷整体内部一致性信度系数为 0.952。各个条目的维度归属及维度的内部一致性信度系数见表 4.13。

表 4.13　　各个条目的维度归属及维度的内部一致性信度系数

维度名称	内部一致性信度系数	条目标识
F1 成就导向	0.720	A3, A4, A5
F2 公平公正	0.713	L1, L2, L3
F3 服务精神	0.795	C1, C2, C3, D1
F4 专业素养	0.800	M1, M2, M3, M4, J2, O2
F5 沟通与协调	0.739	K1, K3, D2, F1, F5
F6 规划与建设	0.796	B1, B2, G3, G4, J1, E2
F7 决策与创新	0.844	R2, R3, O1, O3, N1, N2, N3
F8 领导与责任	0.907	H1, H3, I1, I3, I4, P2, P3, Q1, Q2

表 4.14 呈现了 8 个维度之间及其与胜任力总分的相关,所有的相关均在 0.01 水平上显著。8 个维度间的两两相关在 0.109—0.787 之间,平均为 0.538;8 个维度与总分的相关在 0.390—0.906 之间,平均为 0.771,这表明问卷各维度都围绕胜任力的不同方面进行测查。

表 4.14　　　　　　　各个维度和总分的相关

	F1	F2	F3	F4	F5	F6	F7	F8	T
F1 成就导向	1								
F2 公平公正	0.109**	1							
F3 服务精神	0.201**	0.545**	1						
F4 专业素养	0.234**	0.441**	0.434**	1					
F5 沟通与协调	0.200**	0.589**	0.585**	0.681**	1				
F6 规划与建设	0.219**	0.490**	0.749**	0.636**	0.670**	1			
F7 决策与创新	0.229**	0.641**	0.784**	0.619**	0.764**	0.787**	1		

续表

	F1	F2	F3	F4	F5	F6	F7	F8	T
F8 领导与责任	0.258**	0.683**	0.592**	0.739**	0.765**	0.667**	0.765**	1	
T 胜任力	0.390**	0.696**	0.778**	0.793**	0.849**	0.854**	0.906**	0.898**	1

注：**表示 p<0.01。

考虑到胜任力自评与社会赞许性有一定关系，进一步检验了自欺性拔高和操纵印象与胜任力各维度和总分的相关情况，结果见表4.15。自欺性拔高、操纵印象与8个维度和胜任力总分均有相关，表明胜任力自评存在社会赞许性；然而相关仅在0.20—0.436之间，自评胜任力在很大程度上并不等同于社会赞许性。

表4.15　　　社会赞许性与胜任力各个维度和总分的相关

	F1	F2	F3	F4	F5	F6	F7	F8	T	a	b
自欺性拔高	0.200**	0.326**	0.265**	0.416**	0.391**	0.302**	0.357**	0.426**	0.436**	1	
操纵印象	0.322**	0.242**	0.201**	0.304**	0.230**	0.228**	0.257**	0.311**	0.338**	0.506**	1

注：**表示 p<0.01。

四　中小学校长胜任力模型

本研究在云南省中小学校长胜任力假设模型建立的基础上，编制中小学校长胜任力调查量表，以云南省"万名校长培训计划"项目的学员及云南各地的中小学校长为研究对象，开展了四轮预测试和三轮大样本测试，检验量表的信度和效度，不断修订量表项目，用实证的方法修正和构建云南省中小学校长胜任力模型。云南省中小学校长胜任力模型由以下8项一级胜任特征（13项二级胜任特征）构成：①成就导向；②公平公正；③服务精神；④专业素养；⑤沟通与协调（合并：沟通能力、影响力、组织协调）；⑥规划与建设（合并：战略思考、培养他人、队伍建设）；⑦决策与创新（合并：决策力、主动性、创新性）；⑧领导与责任（合并：领导力、团队合作、责任心、使命感）。

第五章

中小学校长胜任力模型的验证

工作绩效是判断胜任特征的重要指标。[1] 绩效是胜任力的效标，而胜任力能有效预测工作绩效。胜任力的本质是一种确保产生绩效的多种能力，是与一定的工作情景相联系的、按照一定的绩效指标能够区分优劣，并可以通过培训加以改善和提高的个人持久的特征。前一章通过四次小样本（164）预测试和三次大样本（2694）测试修正之前建立的中小学校长胜任力假设模型，构建了由8项一级胜任特征（13项二级胜任特征）构成的中小学校长胜任力模型。模型中建构的胜任特征是否能较好地区分不同绩效水平的校长？它们的鉴别性如何？用校长绩效作为效标检验模型效度进行模型验证，是科学构建中小学校长胜任力模型必不可少的环节。因此，本章将对云南省各州（市）若干所中小学的正职校长及分管的上级教体局领导进行分类调研，验证前期修正构建的中小学校长胜任力模型。

第一节 基于效标导向的研究设计

一 研究目的

以上级教体局领导对校长绩效评价为标准，检验上一阶段构建的中小学校长胜任力模型的8个一级胜任特征是否能显著区分不同绩效水平的校

---

[1] Boyatzis R. E., *The Competent Manager: A Model for Effective Performance*, New York: John Wiley and Sons, 1982, p.192；[美] 莱尔·史班瑟等：《才能评鉴法：建立卓越的绩效模式》，魏梅金译，汕头大学出版社2003年版，第20—21页。

长。根据中小学校长胜任力模型构建最终确定的胜任力行为描述题项，编制中小学校长胜任力调查问卷，并编制用于对中小学校长进行绩效评价的量表，对云南省各州（市）若干所中小学的正职校长及分管的上级教体局领导进行分类调研，验证中小学校长胜任力模型。

二 研究假设

中小学校长胜任力模型的8个一级胜任特征（成就导向、公平公正、服务精神、专业素养、沟通与协调、规划与建设、决策与创新、领导与责任）能显著区分不同绩效水平的中小学校长。

三 研究方法与步骤

（一）研究对象的选取

本阶段确定的调研对象为：云南省各州（市）若干所中小学（各抽取好中差的学校）的正职校长及分管的上级教体局领导。

（二）问卷的设计与编制

根据研究目的，本阶段需编制两个调查问卷或量表：一是《中小学校长工作状况调查问卷》（见附录C），调研对象为中小学正职校长；二是《中小学校长评价表》（见附录D），调研对象为分管中小学的上级教体局领导。

调研中小学校长的问卷正文由三个部分构成：一是主体部分，由中小学校长胜任力模型构建与验证阶段最终确定的43项校长行为描述题目构成，并采用Likert五级计分进行自评；二是测量被试社会赞许性问题部分。因测量量表主要采用自评的方式获取数据，为分析与控制中小学校长填答问卷的社会赞许性水平，量表的中文版取自于汪向东等编写的《心理卫生评定量表手册》[①]，主要测量两个方面：自欺性拔高（做出诚实但存在正性偏差自我陈述的倾向）和操纵印象（有意识地伪装自我）；三是调研对象的基本信息，了解调研对象的人口学基本情况。

---

① 汪向东等编：《心理卫生评定量表手册》（增订版），中国心理卫生杂志社1999年版，第391—394页。

编制《中小学校长评价表》的依据是我国下发的《义务教育学校校长专业标准》《关于建立中小学校党组织领导的校长负责制的意见（试行）》《中小学校领导人员管理暂行办法》等国家标准和文件，这些标准和文件是制定校长任职资格、培训课程、考核评价标准的重要依据，并在一定程度上体现了中小学校长胜任力的新时代特征内涵和要求。《中小学校长评价表》由上级分管教体局领导对中小学正职校长"规划学校发展""营造育人文化""领导课程教学""引领教师成长""优化内部管理""调适外部环境"六个方面的工作绩效进行评价。每项满分为 10 分，评分标准为：优秀（9—10 分）；良好（7—8 分）；合格（5—6 分）；不合格（3—4 分），总分为 60 分。

（三）问卷调查实施

样本选取原则：全面覆盖云南省 16 个州（市）、学校类型涵盖城乡和各类学段、每个州（市）学校数据相对平均，同时为保证上级评价的客观性和科学性，尽量抽取同属一个行政区域的中小学。最终共抽取了 184 名中小学正职校长；并对分管 184 所学校的 23 名上级教体局领导开展了调研。调研时间为 2022 年 7—8 月。

第二节 研究结果与讨论

一 被试基本情况

本阶段调研共抽取了云南省各州（市）184 名中小学正职校长及分管的上级教体局领导。其人口学分布情况见表 5.1。

表 5.1　　　　　被试的人口学分布情况（N = 184）

分组依据	不同组别	人数（人）	百分比（%）	缺失值
性别	男	148	80.43	1
	女	35	19.02	

续表

分组依据	不同组别	人数（人）	百分比（%）	缺失值
民族	汉族	116	63.04	2
	少数民族	66	35.87	
学历	大专	13	7.07	3
	本科	159	86.41	
	硕博研究生	9	4.89	
学校的学段类型	小学	100	54.35	3
	初中	30	16.30	
	高中	19	10.33	
	完中	26	14.13	
	九年一贯制学校	6	3.26	
任职年限	0—4年	80	43.48	2
	5—10年	49	26.63	
	10年以上	53	28.80	
学校城乡类型	城市学校	95	51.63	0
	乡镇学校	89	48.37	
地区	保山	8	4.35	0
	楚雄	14	7.61	
	大理	12	6.52	
	德宏	10	5.43	
	迪庆	8	4.35	
	红河	9	4.89	
	昆明	16	8.70	
	丽江	9	4.89	
	临沧	15	8.15	
	怒江	13	7.07	
	普洱	13	7.07	
	曲靖	11	5.98	
	文山	11	5.98	
	西双版纳	10	5.43	
	玉溪	12	6.52	
	昭通	13	7.07	

注：①任职年限一栏中，校长填写的是担任校长任职年限，中层领导填写的是工作年限；②为求简便，表中有极少量缺失值未呈现，这可能导致一些分组下各组别单元格合计人数不足184人，累计百分比不足100%。

由表 5.1 可知：

第一，从性别来看，学校正职校长中，男性占 80.43%，女性占 19.02%，可推测出云南省中小学校长中，男性的占比远高于女性；

第二，从民族来看，正职校长中，汉族占比 63.04%，少数民族占比 35.87%；

第三，从学历结构来看，学校正职校长中，大专及以下占比 7.07%，本科占比 86.41%，硕博研究生 4.89%；90% 的被试都具有本科及以上学历，可看出被试已具备一定的知识文化基础，掌握了一定的基础理论、专门知识和基本技能，具有一定的科学思维能力、解决实际问题的能力等，具备了提取有效数据的客观条件；

第四，从学校类型来看，小学占比 54.35%，中学占比 40.76%，九年一贯制学校占比 3.26%；城市学校占比 51.63%，乡镇学校占比 48.37%。充分体现了各类学校的均衡性；

第五，学校正职校长担任校长的年限来看，0—4 年占比 43.48%，5—10 年占比 26.63%，10 年以上占比 28.8%，即担任校长年限在 5 年以上的占比 55.43%。被试中，超过一半的校长都具有较长的工作资历与管理经验；

第六，从被试所在地区来看，调研的 184 所学校覆盖了云南省 16 个州（市）。昆明市 16 所为最多，保山市和迪庆州各 8 所为最少，其他州（市）均在 12 所左右。云南省 16 个州（市）调研学校相对平均，为获得有效数据奠定了较好的样本基础。

二 上级教体局领导对中小学校长的评价情况

针对上级教体局对 184 名校长的评价情况，删除问题样本 45 份，删除原因主要是绩效评价者对所评校长全部给予满分绩效评价，此外也包括删除明显的极端数据，获得上级教育体育局领导对中小学校长绩效评价的有效样本 139 份。

表5.2　对校长六个方面绩效和总体绩效的描述统计（N=139）

绩效维度	极小值	极大值	平均值	标准差
规划学校发展	6	10	8.319	1.152
营造育人文化	5	10	8.396	1.266
领导课程教学	6	10	8.230	1.185
引领教师成长	6	10	8.196	1.180
优化内部管理	6	10	8.140	1.119
调适外部环境	6	10	8.142	1.154
总体绩效	5.83	10	8.237	1.085

由表5.2可知，每个绩效维度以10分为满分，分数越高则该方面的绩效越高；六个绩效维度的平均分为总体绩效得分，由表5.2可看出分数越高则总体绩效越高。由表可看出校长六个方面的绩效得分从高到依次是"营造育人文化""规划学校发展""领导课程教学""引领教师成长""调适外部环境""优化内部管理"。相比其他绩效维度，校长在"营造育人文化"和"规划学校发展"方面的绩效相对较高。

三　胜任力自评量表的信度和效度检验

（一）胜任力自评问卷

经过前期针对正职校长样本的研究，形成了含有43个题目的校长胜任力自评问卷，问卷题目使用完全不符合到完全符合5点计分，正向题分数越高代表胜任力越强，反向题经过反向计分后含义与正向题相同。问卷包含8个维度：成就导向，公平公正，服务精神，专业素养，沟通与协调，规划与建设，决策与创新，领导与责任。通过调研，形成与上级教育体育局领导对中小学校长绩效评价有效样本139份相对应的校长胜任力自评数据样本139份。其中表5.3为内部一致性信度检验，表5.4为结构效度检验。

表 5.3　各维度和总问卷针对校长和中层领导的内部一致性信度检验

维度	题目数量	正职校长
成就导向	3	0.711
公平公正	3	0.616
服务精神	4	0.812
专业素养	6	0.635
沟通与协调	5	0.714
规划与建设	6	0.821
决策与创新	7	0.832
领导与责任	9	0.844
胜任力问卷整体	43	0.951

由表 5.3 可见，胜任力问卷整体和各维度的信度均超过 0.6，绝大部分超过 0.7，因此均可接受。

表 5.4　胜任力问卷维度间、维度与总问卷相关

	F1	F2	F3	F4	F5	F6	F7	F8	F
F1 成就导向	1								
F2 公平公正	0.229**	1							
F3 服务精神	0.342**	0.648**	1						
F4 专业素养	0.323**	0.500**	0.587**	1					
F5 沟通与协调	0.322**	0.563**	0.589**	0.685**	1				
F6 规划与建设	0.336**	0.655**	0.710**	0.708**	0.779**	1			
F7 决策与创新	0.356**	0.673**	0.704**	0.760**	0.793**	0.845**	1		
F8 领导与责任	0.389**	0.652**	0.652**	0.688**	0.767**	0.740**	0.802**	1	
F 总体胜任力	0.503**	0.741**	0.797**	0.802**	0.854**	0.897**	0.930**	0.900**	1

注：**表示 $p<0.01$。

由表 5.4 可见，问卷各维度与总问卷之间均有中等到高度的相关（相关系数 0.503—0.930），问卷各维度之间均有不同程度的显著相关（相关系数 0.229—0.845），胜任力自评问卷效度较好。

（二）社会赞许性问卷

采用 Paulhus（1988）编制的期待性回答平衡问卷第六版（BIDR-6），量表的中文版取自《心理卫生评定量表手册》[①]。该问卷主要测量两个方面：自欺性拔高（做出诚实但存在正性偏差自我陈述的倾向）和操纵印象（有意识地伪装自我）。在本研究中，社会赞许性情况见表5.5。

表5.5　　　　　　　　校长的社会赞许性情况

	正职校长	
	均值	标准差
自欺性拔高	12.016	4.516
操纵印象	10.011	4.360

由表5.5可见，校长在自欺性拔高和操纵印象方面均高于普通群体（平均值分别是7和8），因此胜任力问卷中即使存在着一定的社会赞许性。

四　中小学校长胜任力与绩效的差异检验

首先为184名校长补充了上级领导的绩效评价数据，在云南省16个州（市）分别邀请1—2位教体局领导就规划学校发展、营造育人文化、领导课程教学、引领教师成长、优化内部管理、调适外部环境六个方面对校长绩效进行评价，共产生23名绩效评价者。

为保证差异性检验的有效性，对两组样本数据进行预处理。一是剔除问题样本45份，删除原因主要是绩效评价者对所评校长全部给予满分绩效评价，或是出现明显极端数据，最后获得上级教育体育局领导对中小学校长绩效评价的有效样本139份，以及与此相对应的校长胜任力自评数据样本139份；二是为便于比较，对有效样本进行标准化处理，将绩效评价的原始分数转化为标准分数，保证不同主体绩效评价的同质性。具体做法

[①] 汪向东、王希林、马弘编：《心理卫生评定量表手册》（增订版），中国心理卫生杂志社1999年版，第391—394页。

为：在每个绩效评价者内部，分别计算所评的多位校长的六个方面绩效分数的均值和标准差，基于此将每位校长六个方面的绩效原始分数转换为六个标准分数、分别代表六个方面的绩效标准分数，再将六个绩效标准分数相加，然后将加和后的绩效总分也转换为标准分数，由此得到每位校长绩效总分的标准分数。最后，统计23名教育体育局领导对139名校长的绩效评分，依据绩效评分统计汇总结果，将139名校长按绩效总分的标准分数分为绩效高、中、低三组。采用两种绩效分组方式验证胜任特征。

第一，第一种绩效高、中、低分组方式为将上级教体局领导对校长的绩效评分按从高到低排列，高分组、低分组各占约27%，中间组约占46%。根据分组结果，分别统计绩效高、中、低三组校长的8项一级胜任特征及胜任特征总体的自评分数。最后，对绩效高、中、低三组校长的8项一级胜任特征的自评分进行差异检验，结果见表5.6。

表5.6　　　　各类绩效的校长胜任力差异比较（1）

	绩效低（N=37）		绩效中等（N=65）		绩效高（N=37）		F	p	η^2
	均值	标准差	均值	标准差	均值	标准差			
成就导向	4.243	0.772	4.318	0.742	4.460	0.873	0.731	0.484	0.011
公平公正	4.324	0.590	4.528	0.530	4.775	0.361	7.281	0.001	0.097
服务精神	4.345	0.710	4.439	0.543	4.730	0.314	5.161	0.007	0.071
专业素养	4.230	0.350	4.346	0.469	4.696	0.349	13.339	<0.001	0.164
沟通与协调	4.276	0.468	4.397	0.444	4.595	0.381	5.111	0.007	0.070
规划与建设	4.162	0.476	4.342	0.502	4.649	0.398	10.245	<0.001	0.131
决策与创新	4.317	0.366	4.455	0.426	4.672	0.358	7.725	0.001	0.102
领导与责任	4.446	0.377	4.523	0.420	4.720	0.349	4.938	0.009	0.068
总体胜任力	4.307	0.365	4.429	0.393	4.669	0.296	9.683	<0.001	0.125

由表5.6可见，除"成就导向"在绩效高、中、低三组差异不显著之外，胜任力的其他维度及总分在绩效高、中、低三组校长中差异显著，即公平公正、服务精神、专业素养、沟通与协调、规划与建设、决策与创

新、领导与责任能够将绩效优劣的校长区分开来。

第二,第二种绩效高、中、低分组方式为绩效得分高于平均数一个标准差组的校长为高绩效组,绩效低于平均数一个标准差组的校长为低绩效组,绩效为平均数正负一个标准差内为中等绩效组。根据分组结果,分别统计绩效高、中、低三组校长的 8 项一级胜任特征及胜任特征总体的自评分数。最后,对绩效高、中、低三组校长的 8 项一级胜任特征的自评分进行差异检验,结果见表 5.7。

表 5.7　　　　各类绩效的校长胜任力差异比较（2）

	绩效低于平均数一个标准差组（N=21）		绩效为平均数正负一个标准差内中等组（N=97）		绩效高于平均数一个标准差组（N=21）		F	p	η^2
	均值	标准差	均值	标准差	均值	标准差			
成就导向	4.191	0.764	4.327	0.761	4.524	0.910	0.969	0.382	0.014
公平公正	4.349	0.532	4.522	0.546	4.810	0.343	4.304	0.015	0.060
服务精神	4.310	0.541	4.467	0.590	4.786	0.299	4.258	0.016	0.059
专业素养	4.167	0.356	4.397	0.453	4.702	0.322	8.535	<0.001	0.112
沟通与协调	4.143	0.470	4.410	0.429	4.724	0.319	10.052	<0.001	0.129
规划与建设	4.105	0.372	4.363	0.506	4.705	0.408	8.491	<0.001	0.111
决策与创新	4.293	0.354	4.454	0.416	4.762	0.301	8.031	0.001	0.106
领导与责任	4.399	0.337	4.530	0.421	4.827	0.207	7.196	0.001	0.096
总体胜任力	4.256	0.319	4.443	0.389	4.745	0.250	9.952	<0.001	0.128

由表 5.7 可见,除"成就导向"在绩效高、中、低三组差异不显著之外,胜任力的其他维度及总分在绩效高中低组校长中差异显著。更有力地说明公平公正、服务精神、专业素养、沟通与协调、规划与建设、决策与创新、领导与责任能够将不同绩效水平的校长区分开来。

五　中小学校长胜任力与绩效的关系

使用保留的 139 份样本数据,中小学校长总体胜任力与校长总体绩效之间存在 0.367 的显著相关。进一步考查胜任力的各个维度与六个方面的标准化绩效分数的相关，见表 5.8。

表 5.8　　　　　　　　　　　胜任力与绩效的相关

	规划学校发展	营造育人文化	领导课程教学	引领教师成长	优化内部管理	调适外部环境	总体绩效
成就导向	0.127	0.067	0.018	0.063	0.106	0.09	0.107
公平公正	0.310**	0.330**	0.186*	0.224**	0.333**	0.324**	0.322**
服务精神	0.184*	0.247**	0.084	0.177*	0.330**	0.198**	0.237**
专业素养	0.289**	0.373**	0.201*	0.323**	0.419**	0.320**	0.391**
沟通与协调	0.289**	0.374**	0.184*	0.200**	0.382**	0.193**	0.317**
规划与建设	0.328**	0.435**	0.188*	0.267**	0.451**	0.313**	0.384**
决策与创新	0.295**	0.359**	0.173*	0.227**	0.402**	0.268**	0.342**
领导与责任	0.216*	0.329**	0.108	0.184*	0.324**	0.245**	0.266**
总体胜任力	0.316**	0.393**	0.173*	0.255**	0.431**	0.302**	0.367**

注：* 代表 $p<0.05$，** 代表 $p<0.01$。

从表 5.8 可见，成就导向这一胜任力与各类绩效及绩效总分间相关不显著，领导课程教学方面的绩效与少数胜任力相关不显著，除以上之外，胜任力各维度及总分与绩效各方面及总分间均存在弱到中等程度的显著相关。总体来看，与绩效的关系相对较强的胜任力是"专业素养""规划与建设"，其次是"决策与创新""公平公正""沟通与协调"，相对较弱的是"服务精神""领导与责任"，与绩效无关的是"成就导向"。同样是总体来看，优化内部管理、营造育人文化、规划学校发展、调适外部环境方面的绩效相对易受胜任力的影响，领导课程教学和引领教师成长方面的绩效相对不易受胜任力影响。

因此，校长胜任力主要影响到"优化内部管理""营造育人文化""规划学校发展""调适外部环境"，相对较少影响到"领导课程教学"和"引领教师成长"方面，这与校长的主要工作职责聚焦于管理而非专业发展是一致的。对各类绩效影响相对较强的校长胜任力是"规划与建设""专业素养",这两项胜任力偏重能力属性;其次是"决策与创新""公平公正""沟通与协调","沟通与协调"偏重能力属性,"公平公正""决策与创新"偏重人格属性;对各类绩效影响相对较弱的是"服务精神""领导与责任",这两项胜任力偏重人格属性;不对绩效产生影响的是"成就导向",它偏重人格属性。可见,校长胜任力综合了"校长能力"和"校长人格",两者共同构成校长胜任力,且总体上能力因素对绩效的影响强于人格因素。

六 中小学校长胜任力模型的验证结果

本阶段采用了两种绩效分组方式验证校长胜任力模型的效度:一是将校长按绩效高低组各占约27%的分组方式分为高、中、低三种绩效水平进行检验;二是将校长按绩效总分的标准分数高于或低于平均数一个标准差的分组方式分为绩效高、中、低三组进行检验。都得出一个统一的结论:"成就导向"在绩效高、中、低三个组中的3组自评分差异不显著,"成就导向"表现出较低的鉴别性,根据胜任力理论,"成就导向"不是中小学校长的胜任特征,所以应该被剔除。而胜任力的其他维度及总分在绩效高、中、低三组校长中差异显著,即"公平公正""服务精神""专业素养""沟通与协调""规划与建设""决策与创新""领导与责任"能够将绩效优劣的校长区分开来,这7个一级胜任特征能有效地鉴别不同水平的校长绩效。中小学校长胜任力模型验证最终结果为:模型修正阶段构建的8项一级胜任特征(13项二级胜任特征)调整为7项一级胜任特征(删除"成就导向"这一胜任特征)、13项二级胜任特征。

将本研究构建的胜任力模型,与作者基于9篇实证研究文献样本(取样地区涉及全国13个省、自治区、直辖市)、用元分析方法构建的具有广泛代表性的中小学校长通用胜任力模型相比较发现,专业素养、沟通能力、影响力、战略思考、培养他人、主动性、创新性、领导力、团队合作、责任心、使命感等11项二级胜任特征也是通用胜任力模型[1]中的胜任

---

[1] 郑勤红、浦丽娟:《基于元分析的中小学校长胜任力模型研究》,《宁波大学学报》(教育科学版)2022年第6期。

特征，表明：①本书构建的中小学校长胜任力模型中，绝大部分胜任特征（约占69%）与通用模型中的胜任特征完全相同，这11项二级胜任特征是我国绝大部分地区中小学校长的共同胜任特征，担任中小学校长这一特定任务角色所需要具备的胜任特征绝大部分存在着跨地区的一致性；②公平公正、服务精神、组织协调、队伍建设、决策力5项胜任特征，不是通用胜任力模型①中的胜任特征，可能是由于经济发展水平、办学条件、工作情境等方面的差异，造成了两个模型部分胜任特征（约31%）的不同或地区之间的差异。

"成就导向"是文献②所构建的三类胜任力模型（卓越模型、基准模型、通用模型）中都拥有的共同胜任特征，而在本研究中，是在最后验证环节，由于"成就导向"不能有效区分高、中、低绩效的校长而被剔除掉。由图3-6可以看出，4类评价主体视角下"成就导向"出现的频率都约60%，显著高于经过甄别进入胜任力模型的专业素养、影响力等其他胜任力要素；另外，由表5.6和表5.7可以看出，一方面，绩效高、中、低三组校长在"成就导向"项目上的自评分达不到统计学意义上的显著性差异，表现出同质性；但另一方面，三组校长在该项目上的自评分都相对较高，与经过甄别进入胜任力模型的其他胜任特征之间仅存在微小差异，表明："成就导向"已经成为新时代所有中小学校长（无论绩效高、中、低）共同的价值追求，且所有中小学校长都呈现出较高的水平。

七　中小学校长胜任力模型的内涵解析

新时代高质量教育的本质是培养更高素质的人的教育实践活动。作为基础教育中具有引领作用的中小学校长，其所需具备的岗位胜任力需要回应新时代基础教育高质量发展的要求。本研究基于多维视角、大样本调查、量化

---

① 郑勤红、浦丽娟：《基于元分析的中小学校长胜任力模型研究》，《宁波大学学报》（教育科学版）2022年第6期。

② 郑勤红、浦丽娟：《基于元分析的中小学校长胜任力模型研究》，《宁波大学学报》（教育科学版）2022年第6期。

研究构建了由 7 项一级胜任特征（13 项二级胜任特征）构成的中小学校长胜任力模型，从新时代基础教育高质量发展阶段对中小学校长专业标准或岗位要求的角度出发，参考英美中小学校长胜任特征词典①，对胜任特征内涵进行诠释。表 5.9 中的 7 项一级胜任特征蕴含着以下新时代内涵：

①"公平公正"体现了新时代基础教育"秉持公平诚信""促进公平、提高质量"的内涵特征，是"品德高尚"校长的主要行为表现之一；②"服务精神"是校长作为学校管理者必须具备的品质，与新时代"坚持教育为人民服务"的基本理念高度切合；③"专业素养"是履职和胜任校长这一特殊岗位的必要条件，反映了新时代对校长"终身学习"的要求，是"业务精湛"校长的主要内涵和要求；④沟通能力、影响力、组织协调合并为"沟通与协调"，"沟通与协调"是校长作为领导者对组织内外进行沟通和协调的能力和要求，与《办法》中新时代中小学校领导人员应"具有较强的组织协调能力"这一任职条件高度一致；⑤战略思考、培养他人、队伍建设合并为"规划与建设"，这项胜任特征均与校长的行动能力有关。战略思考是对未来学校的发展规划，具有预见性，队伍建设、培养他人是实现规划的重要建设举措。"规划与建设"是胜任力理论与校长专业标准有机结合的主要成果之一，包含了校长专业标准中的"规划学校发展""引领教师成长"两项内容和要求；⑥决策力、主动性、创新性合并为"决策与创新"，决策力是付诸实施的行动能力，主动性、创新性是工作提质的关键能力。"决策与创新"是校长"治校有方"的必备条件，与《办法》中新时代中小学校领导人员应"富有改革创新精神"的任职条件相一致；⑦领导力、团队合作、责任心、使命感合并为"领导与责任"。"领导与责任"是《关于建立中小学校党组织领导的校长负责制的意见（试行）》中校长主要职责的具体化内容，也是《办法》中新时代中小学校领导人员应"具有较强的事业心和责任感，爱岗敬业，乐于奉献，能够全身心投入工作"的内涵再现。

---

① 张东娇、胡松林：《英、美中小学校长胜任特征模型对中国校长管理制度的启示》，《比较教育研究》2006 年第 4 期；安晓敏、任晓玲：《英国 NEAC 中小学校长胜任力研究及对我国的启示》，《外国中小学教育》2015 年第 1 期。

表 5.9　　　　　　　中小学校长胜任力模型及胜任特征内涵

一级胜任特征	二级胜任特征	特征内涵
公平公正		履行职业道德规范，立德树人，为人师表，公正廉洁，关爱师生，尊重师生人格；树立公平的教育观和正确的质量观，切实保障学生平等的受教育权利；明确教师的权利与义务；处理问题时公平、公正，令人信服
服务精神		全面贯彻党的教育方针，坚持教育为人民服务、为中国共产党治国理政服务、为巩固和发展新时代中国特色社会主义制度服务、为改革开放和社会主义现代化建设服务；① 专注于如何满足师生愿望、设身处地为师生着想行事
专业素养		具有胜任岗位职责所必需的专业知识、职业素养和实践经验，熟悉中小学教育工作和相关政策法规；② 树立终身学习的观念，将学习作为改进工作的不竭动力；优化知识结构，提高自身科学文化素养；与时俱进，及时把握国内外教育改革与发展的趋势③
沟通与协调	沟通能力、影响力、组织协调	积极开展校内外合作与交流，促进学校与家庭、社会（社区）的良性互动；优化外部育人环境，努力争取社会（社区）的教育资源对学校教育的支持；熟悉各级各类社会公共服务机构的教育功能；妥善处理与上级、平级，以及下级的关系，采取有效的方法促进学校内各组织间的沟通协调
规划与建设	战略思考、培养他人、队伍建设	注重学校发展的战略规划，凝聚师生智慧，建立学校发展共同目标，形成学校发展合力；尊重、信任、团结和赏识每一位教师，尊重教师专业发展的规律，激发教师发展的内在动力；倡导民主管理和科学管理，坚持教书育人、管理育人、服务育人；坚持依法治校，自觉接受师生员工和社会的监督
决策与创新	决策力、主动性、创新性	将教育管理理论与学校管理实践相结合，突出学校管理的实践能力和创新能力；坚持实践、反思、再实践、再反思，在工作中不断研究新问题、提出新方案、创造新方法；面对学校发展具有前瞻性，提前采取行动、积极发现和创造新的机会
领导与责任	领导力、团队合作、责任心、使命感	坚持社会主义办学方向，忠诚于党和人民的教育事业；热爱教育事业和学校管理工作，具有服务国家、服务人民的使命感和社会责任感；了解自己肩负的教育使命、具有坚定的信念；为达到团队既定目标而自愿与他人合作和一起协同努力

---

① 《教育部关于印发〈义务教育学校管理标准〉的通知》（教基〔2017〕9号）。
② 《中共中央组织部教育部关于印发〈中小学校领导人员管理暂行办法〉的通知》（中组发〔2017〕3号）。
③ 《教育部关于印发〈义务教育学校校长专业标准〉的通知》（教师〔2013〕3号）。

第六章

云南省中小学校长胜任力现状调查与分析

在前面章节的研究中,将上级教体局领导对校长工作的绩效评价作为效标,验证中小学校长胜任力模型,检验结果显示:除"成就导向"在绩效高、中、低三组差异不显著之外,胜任力的其他维度,即"公平公正""服务精神""专业素养""沟通与协调""规划与建设""决策与创新""领导与责任"在绩效高、中、低三组校长中差异显著,最终构建了由7项一级胜任特征(13项二级胜任特征)构成的中小学校长胜任力模型。因"成就导向"是以往相关研究中出现的高频胜任特征,考虑其理论重要性,本章继续将"成就导向"这一胜任特征放在现状调查中进行研究,从胜任力现状中了解中小学校长在此胜任特征方面的表现。本章运用所构建的中小学校长胜任力模型,编制中小学校长胜任力自评量表,从中小学校长自评和他评两个维度进行大样本调查,测评分析云南省当前的中小学校长胜任力现状,重点调查中小学校长胜任力总体情况、各胜任特征表现情况,在哪些胜任特征上差异显著,其影响因素有哪些?从而对有针对性提升云南省中小学校长胜任力水平起到理论参考作用。

第一节 基于自评的中小学校长胜任力现状调查与分析

一 调查目的

运用已构建和验证的中小学校长胜任力模型成果,编制中小学校长胜任力自评量表,从校长自评角度了解当前的云南省中小学校长胜任力现状。

二 调查方法与步骤

（一）研究对象的选取

本阶段确定的调研对象为：云南省16个州（市）若干所中小学校长。

（二）问卷的设计与编制

根据研究目的，编制《中小学校长胜任力自评量表》（见附录E）。量表正文由三个部分构成：一是主体部分，由中小学校长胜任力模型构建与验证阶段最终确定的43项校长行为描述题目构成，并采用Likert五级计分进行自评；二是测量被试社会赞许性问题部分。因测量量表主要采用自评的方式获取数据，为分析与控制中小学校长填答问卷的社会赞许性水平，量表的中文版取自于汪向东《心理卫生评定量表手册》[①]，主要测量两个方面：自欺性拔高（做出诚实但存在正性偏差自我陈述的倾向）和操纵印象（有意识地伪装自我）；三是调研对象的基本信息，目的是了解调研对象的人口学基本情况。

（三）问卷调查实施

样本选取原则：全覆盖云南省16个州（市），学校类型涵盖城乡和各类学段。调研时间为2022年9—10月。

三 调查结果与讨论

（一）被试基本情况

云南省16个州（市）的2200名中小学正职校长填写了问卷，保持同一删除标准，保留2104份有效问卷，问卷回收有效率为95.6%。其人口学分布情况如表6.1所示。

---

① 汪向东、王希林、马弘编：《心理卫生评定量表手册》（增订版），中国心理卫生杂志社1999年版，第391—394页。

表6.1　　　　　正职校长的人口学分布情况（N=2104）

分组依据	不同组别	人数（人）	百分比（%）
性别	男	1779	84.6
	女	325	15.4
民族	汉族	1315	62.5
	少数民族	789	37.5
学历	大专以下	24	1.1
	大专	473	22.5
	本科	1585	75.3
	硕博研究生	22	1.0
学校的学段类型	小学	1561	74.2
	初中	334	15.9
	高中	28	1.3
	完中（初中和高中都有）	47	2.2
	九年一贯制学校	77	3.7
任职年限	0—4年	1033	49.1
	5—10年	598	28.4
	10年以上	473	22.5
学校城乡类型	城市学校	241	11.5
	乡镇学校	1863	88.5
任教情况	同时担任教学工作	1974	93.8
	不担任教学工作	130	6.2
地区	保山	177	8.4
	楚雄	177	8.4
	大理	394	18.7
	德宏	76	3.6
	迪庆	16	0.8
	红河	245	11.6
	昆明	128	6.1
	丽江	52	2.5

续表

分组依据	不同组别	人数（人）	百分比（%）
地区	临沧	125	5.9
	怒江	10	0.5
	普洱	64	3.0
	曲靖	278	13.2
	文山	57	2.7
	西双版纳	56	2.7
	玉溪	40	1.9
	昭通	158	7.5

注："学校的学段类型"和"地区"两栏有少量缺失值，导致人数合计不足2104人，百分比不足100%。

从表6.1可知：

第一，从性别来看，男性1779人，占比84.6%；女性325人，占比15.4%。可推测出云南省中小学校长中，男性的占比远高于女性。

第二，从民族来看，汉族1315人，占比62.5%；少数民族789人，占比37.5%。本研究充分体现了云南少数民族特点（略高于云南省少数民族人口比例33.12%[1]）。

第三，从学历结构来看，大专及以下497人，占比23.6%；本科1585人，占比75.3%；硕博研究生22人，占比1.1%。即76.4%的被试都具有本科及以上学历，可知被试已具备一定的知识文化基础，掌握了一定的基础理论、专门知识和基本技能，具有一定的科学思维能力、解决实际问题的能力等，具备了提取有效数据的客观条件。

第四，从学校类型来看，小学1561人，占比74.2%，中学409人，占比19.4%，九年一贯制学校77人，占比3.7%；城市学校241人，占比11.5%，乡镇学校1863人，占比88.5%。符合云南省中小学数量结构的实际（小学和中学的比例大概是4.6∶1），充分体现了各类学校的代表性。

---

[1] 云南省统计局编：《云南统计年鉴2022》，中国统计出版社2022年版。

第五，从担任校长的年限来看，0—4 年 1033 人，占比 49.1%，5—10 年 598 人，占比 28.4%，10 年以上 473 人，占比 22.5%。即担任校长年限在 5 年以上的占比 50.9%。被试中，一半的校长都具有较长的工作资历与管理经验。

第六，从任教情况来看，2104 名校长中，其中 1974 人还承担了教学工作，占比 93.8%；不承担教学工作的有 130 人，占比 6.2%。

第七，从被试所在地区来看，2104 人覆盖了云南全省 16 个州（市）。人数从高到低的地区依次为：大理、曲靖、红河、保山、楚雄、昭通、昆明、临沧、德宏、普洱、文山、西双版纳、丽江、玉溪、迪庆、怒江。中小学校长来自云南全省各州（市），能够综合反映云南省的情况。

（二）中小学校长胜任力的总体情况

校长胜任力的整体情况见表 6.2。总体来看，校长在各维度有良好的胜任力，平均得分均大于 4；具体而言，以调查对象在各胜任特征上的平均得分（4.289）为参照，校长在"服务精神""公平公正""领导与责任""决策与创新"方面更加胜任，在"成就导向""专业素养""规划与建设""沟通与协调"方面则相对薄弱。

表 6.2　　　　　　　　校长胜任力总体情况（N = 2104）

维度	极小值	极大值	平均值	标准差
成就导向	1	5	4.055	0.951
公平公正	1	5	4.437	0.593
服务精神	1	5	4.440	0.610
专业素养	1.67	5	4.139	0.552
沟通与协调	1	5	4.220	0.532
规划与建设	1.17	5	4.158	0.605
决策与创新	1.14	5	4.358	0.528
领导与责任	1.33	5	4.421	0.494
胜任力	1.53	5	4.289	0.455

(三) 中小学校长胜任力的人口学变量差异比较

对于校长胜任力的各维度及总分进行人口学变量差异分析,结果显示,胜任力各维度及总分在校长性别、民族、学历、是否任教四个人口变量上均不存在显著差异;将云南16个州(市)按高、中、低经济水平做地域划分后,不同经济水平地区的校长胜任力总分及各维度分差异均不显著;不同学段学校的校长胜任力总分及各维度分差异均不显著;仅在城乡学校和校长任职年限两个变量上存在差异。

1. 城市、乡镇学校的差异比较

表6.3 校长胜任力的城乡差异

维度	城市学校(N=241)		乡镇学校(N=1863)		t值	p值	d值
	M	SD	M	SD			
成就导向	4.38	0.77	4.01	0.96	6.801	<0.001	0.43
公平公正	4.41	0.63	4.44	0.59	-0.659	0.51	-0.05
服务精神	4.49	0.66	4.43	0.60	1.234	0.217	0.10
专业素养	4.27	0.53	4.12	0.55	3.911	<0.001	0.28
沟通与协调	4.32	0.52	4.21	0.53	3.003	0.003	0.21
规划与建设	4.29	0.58	4.14	0.61	3.579	<0.001	0.25
决策与创新	4.44	0.53	4.35	0.53	2.626	0.009	0.17
领导与责任	4.53	0.49	4.41	0.49	3.525	<0.001	0.24
胜任力总分	4.40	0.46	4.27	0.45	3.962	<0.001	0.29

表6.3显示,在"成就导向""专业素养""沟通与协调""规划与建设""决策与创新""领导与责任"以及胜任力总分上,城市学校校长胜任力得分均显著高于乡镇学校校长,有小到中等程度效应量。在"公平公正"和"服务精神"方面,城市和乡镇的校长没有显著差异。

2. 不同校长任职年限的差异比较

表6.4 校长胜任力的任职年限差异

维度	0—4 年 (N = 1033)		5—10 年 (N = 598)		10 年以上 (N = 473)		F	p	η^2
	M	SD	M	SD	M	SD			
成就导向	4.03	0.91	4.03	1.01	4.15	0.95	2.766	0.063	0.003
公平公正	4.42	0.58	4.47	0.60	4.43	0.61	1.554	0.212	0.001
服务精神	4.41	0.62	4.48	0.58	4.46	0.63	3.141	0.043	0.003
专业素养	4.10	0.55	4.18	0.56	4.16	0.55	4.115	0.016	0.004
沟通与协调	4.19	0.53	4.24	0.54	4.27	0.51	4.665	0.010	0.004
规划与建设	4.12	0.62	4.19	0.60	4.20	0.58	4.336	0.013	0.004
决策与创新	4.32	0.52	4.39	0.55	4.40	0.51	5.550	0.004	0.005
领导与责任	4.38	0.50	4.45	0.50	4.46	0.47	5.706	0.003	0.005
胜任力总分	4.25	0.46	4.32	0.46	4.33	0.43	5.872	0.003	0.006

表6.4显示，不同任职年限的校长在"专业素养""沟通与协调""规划与建设""决策与创新""领导与责任""服务精神"以及胜任力总分上有显著差异；在"公平公正""成就导向"维度上没有显著差异。

（四）校长自评胜任力潜在剖面分析

本次调查共回收2200份正职校长自评胜任力问卷，保持同一删除标准删除测谎题不通过的样本后剩余2104份有效问卷。按照因素分析结果计算各校长在"成就导向""公平公正""服务精神""专业素养""沟通与协调""规划与建设""决策与创新""领导与责任"八个胜任力维度的得分，利用这八个维度指标将校长进行潜在类别分类。由于胜任力维度分可视为连续变量，故使用潜在剖面模型。

使用Mplus软件潜剖面模型，将校长分成二类、三类、四类、五类、六类，比较各模型的参考指标，见表6.5。表6.5中，AIC、BIC和aBIC越小模型越好，Entropy越接近1越好、最好大于0.8，LMR和BLRT则反映k分类模型比k-1分类模型的改善程度（小于0.05代表改善显著），类别概率表示使用当前分类模型将样本分类、各潜类别占总样本的比例。结合类型的理论含义，本研究选取三类别模型，即根据校长自评胜任力八个维度得分，可以将校长分为三个潜在类别，此时 Entropy 达到最大，aBIC 也渐趋于平缓，如果继续增加分类数模型不易解释。

表 6.5　　　　　校长自评胜任力潜在剖面模型拟合信息

类别数	AIC	BIC	aBIC	Entropy	LMR	BLRT	类别概率
二类	24447.199	24588.489	24509.062	0.895	0.0115	<0.001	0.48241/0.51759
三类	20663.813	20855.967	20747.946	0.945	0.0184	<0.001	0.01426/0.49905/0.48669
四类	19375.875	19618.893	19482.278	0.891	0.0397	<0.001	0.29943/0.32414/0.01378/0.36264
五类	18350.636	18644.519	18479.31	0.909	0.3275	<0.001	0.37215/0.03184/0.01188/0.27376/0.31036
六类	17359.283	17704.03	17510.227	0.926	0.4094	<0.001	0.37167/0.00713/0.27234/0.03422/0.00760/0.30703

如图 6.1 所示，校长胜任力划分为三个潜在类别后，类别一可命名为"低胜任力"，除成就导向与第二类接近，其余胜任力维度均低于另外两类校长；类别二可命名为"中等胜任力"，除成就导向外其余维度介于另外两类之间；类别三可命名为"高胜任力"，各胜任力维度均高于另外两类。

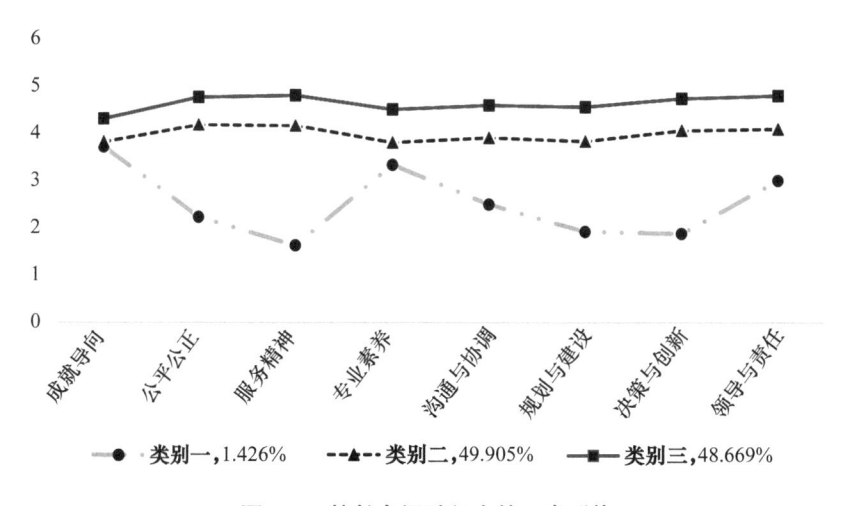

图 6.1　校长自评胜任力的三类群体

表 6.6 呈现出校长自评胜任力各类型的具体人数和胜任力特点，第一类低胜任力人数很少，仅 30 人，占 1.426%，这类校长除了"成就导向""专业素养""领导与责任"达到或超过 3 分，其余胜任力自评均小于 3 分（最高分为 5 分）；第二类中等胜任力校长和第三类高胜任力校长人数相当，分别为 1050 人和 1024 人，分别占 49.905% 和 48.669%。中等胜任力校长在胜任力各维度自评得分在 3.8—4.2 分之间，高胜任力校长在胜任力各维度自评得分在 4.3 分甚至 4.5 分以上。

在表 6.6 中进一步检验三类胜任力校长的胜任力差异，所有八个维度得分在三类校长间差异均非常显著，效应量也较大，除成就导向仅存在高低胜任力组、高中胜任力组差异，其余维度均存在高—低胜任力组、高—中胜任力组、中—低胜任力组的两两差异，总体胜任力的表现也类似。

表6.6 校长自评胜任力各类型的典型胜任力特点

维度	第一类(N=30)		第二类(N=1050)		第三类(N=1024)		LSD			
	均值	标准差	均值	标准差	均值	标准差				
成就导向	3.71	1.23	3.81	0.86	4.32	0.96	80.87	<0.001	0.07	3>1, 3>2
公平公正	2.23	1.15	4.18	0.47	4.77	0.37	834.10	<0.001	0.44	
服务精神	1.64	0.78	4.16	0.48	4.80	0.27	1433.62	<0.001	0.58	
专业素养	3.33	1.06	3.80	0.40	4.51	0.40	819.47	<0.001	0.44	
沟通与协调	2.50	0.82	3.90	0.33	4.60	0.34	1392.01	<0.001	0.57	3>1 3>2 2>1
规划与建设	1.93	0.47	3.83	0.43	4.56	0.36	1362.16	<0.001	0.57	
决策与创新	1.88	0.50	4.06	0.29	4.74	0.25	2888.06	<0.001	0.73	
领导与责任	3.00	1.26	4.09	0.29	4.80	0.23	1786.62	<0.001	0.63	
总体胜任力	2.53	0.52	3.98	0.23	4.66	0.20	3424.30	<0.001	0.77	

第二节 基于他评的中小学校长胜任力现状调查与分析

一 调查目的

运用本研究已构建和验证的中小学校长胜任力模型成果,编制中小学校长胜任力他评量表,从他评角度了解当前的中小学校长胜任力现状。

二 调查方法与步骤

(一) 研究对象的选取

本阶段确定的调研对象为:云南省16个州(市)若干所中小学除正职校长外的校领导、中层领导、年级组长、教研组长、科任教师等各类人员。

(二) 问卷的设计与编制

根据研究目的,编制《中小学校长胜任力现状调查问卷(非校长做)》(见附录F)。量表正文由两个部分构成:一是调研对象的基本信息,目的是了解调研对象的人口学基本情况;二是主体部分,该部分围绕已构建的中小学校长胜任力模型8个维度编制17个他评题项,评价者对所在学校的正职校长的胜任特征做出客观真实的评价,评价校长在该胜任特征的表现程度,并给出具体分值,每项以10分制计分,1分为最低分,10分为最高分,分数越高代表正职校长在该胜任特征上越胜任。

(三) 问卷调查实施

样本选取原则:全覆盖云南省16个州(市)、学校类型涵盖城乡和各类学段;调研时间为2022年9—10月。

三 调查结果与讨论

(一) 被试基本情况

本研究共收到云南省各州(市)中小学除正职校长外的校领导、中层领导、年级组长、教研组长、科任教师等各类人员填写的问卷共 50259 份，删除不认真作答或各维度评分一致为满分的问卷，保留有效问卷 46963 份，问卷回收有效率为 93.44%，见表 6.7。

表 6.7　　　　　调查对象的人口学分布情况（N=46963）

人口学变量	类别	人数（人）	百分比（%）
性别	男	18457	39.3
	女	28506	60.7
年龄	18—39 岁	23699	50.5
	40—60 岁	23138	49.3
民族	汉族	30138	64.2
	少数民族	16825	35.8
学历	大专以下	712	1.5
	大专	9173	19.5
	本科	36457	77.6
	硕士	526	1.1
	博士及以上	95	0.2
学校的学段类型	小学	25790	54.9
	初中	12706	27.1
	高中	2218	4.7
	完中（初中和高中都有）	3146	6.7
	九年一贯制学校	1829	3.9
	其他	1274	2.7
担任职位	中层领导	6992	14.9
	年级组长	1445	3.1
	教研组长	2704	5.8
	科任教师	33833	72.0
	班主任及辅导员	1082	2.3
	校领导	353	0.8
	后勤	554	1.2

续表

人口学变量	类别	样本数	占比（%）
工龄	0—4 年	7773	16.6
	5—10 年	8791	18.7
	10 年以上	30399	64.7
学校的城乡类型	城市学校	11141	23.7
	乡镇学校	35822	76.3
地区	昆明	4426	9.4
	保山	3018	6.4
	楚雄	3651	7.8
	大理	2260	4.8
	德宏	2340	5.0
	迪庆	407	0.9
	红河	10290	21.9
	丽江	312	0.7
	临沧	1230	2.6
	怒江	542	1.2
	普洱	1658	3.5
	曲靖	3485	7.4
	文山	1786	3.8
	西双版纳	5221	11.1
	玉溪	1232	2.6
	昭通	3784	8.1
	其他	1321	2.8

注："年龄"一栏有少量缺失值，导致人数合计不足 46963 人，百分比也不足 100%。

从表 6.7 可知：

第一，从性别来看，男性 18457 人，占比 39.3%；女性 28506 人，占比 60.7%。

第二，从年龄段看，40 岁以下 23699 人，占比 50.5%；40—60 岁 23138 人，占比 49.3%，年龄覆盖面广。

第三，从民族来看，汉族 30138 人，占比 64.2%；少数民族 16852 人，占比35.8%。样本充分体现了云南少数民族特点（略高于云南省少数民族人口比例33.12%[①]）。

第四，从学历结构来看，大专及以下9885人，占比21%；本科36457人，占比77.6%；硕博士621人，占比1.3%。即78.9%的被试都具有本科及以上学历，可知被试已具备一定的知识文化基础，掌握了一定的基础理论、专门知识和基本技能，具有一定的科学思维能力、解决实际问题的能力等，具备了提取有效数据的客观条件。

第五，从学校类型来看，小学25790人，占比54.9%，中学18070人，占比38.5%，九年一贯制学校1829人，占比3.9%；城市学校11141人，占比23.7%，乡镇学校35822人，占比76.3%。符合云南省中小学数量结构的实际，充分体现了各类学校的代表性。

第六，从岗位来看，中层领导6992人，占比14.9%；年级组长1445人，占比3.1%；教研组长2704人，占比5.8%；科任教师33833人，占比72%；班主任及辅导员1082人，占比2.3%；其他907人，占比2%。从中小学的各个岗位层面全面了解对校长胜任力的评价情况。

第七，从工龄来看，工作4年及以下的7773人，占比16.6%；5—10年8791人，占比18.7%；10年以上的30399人，占比64.7%。为客观、真实、有效评价校长胜任力提供了较好的基础。

第八，从被试所在地区来看，46963人覆盖了云南全省16个州（市）。被试来自云南全省各州（市），能够综合反映云南省的情况。

（二）中小学校长胜任力的总体情况

从他评角度对校长胜任力进行评价的整体情况见表6.8，整体来看各维度上的评价得分均高于7.5，处于接近良好胜任力水平（良好为8分及以上），各维度评分标准差集中在2.0左右。校长胜任力从高到低排序依次为"成就导向""领导与责任""专业素养""服务精神""决策与创新""公平公正""沟通与协调""规划与建设"。

[①] 云南省统计局编：《云南统计年鉴2022》，中国统计出版社2022年版。

表 6.8　　非校长对校长胜任力评价的总体情况（N=46963）

维度	最小值	最大值	平均数	标准差
成就导向	1	10	7.83	1.99
公平公正	1	10	7.57	2.27
服务精神	1	10	7.64	2.28
专业素养	1	10	7.72	2.07
沟通与协调	1	10	7.56	2.05
规划与建设	1	10	7.50	2.02
决策与创新	1	10	7.60	1.96
领导与责任	1	10	7.79	1.94
胜任力总分	17	170	129.92	32.75

具体而言，以调查对象在各胜任特征上的平均得分（7.64）为参照，对校长胜任力评价相对较高的胜任特征是"成就导向""领导与责任""专业素养"，较低的胜任特征是"规划与建设""沟通与协调""公平公正""决策与创新"，中等的胜任特征是"服务精神"。

（三）胜任力评价者的人口学变量差异分析

1. 不同性别评价者的差异比较

表 6.9 显示，"公平公正""服务精神""沟通与协调""规划与建设""决策与创新"以及"总体胜任力"在不同性别评价者上差异均不显著，"成就导向""专业素养""领导与责任"三个维度则存在性别差异，但效应量 d 值很小。

表 6.9　　　　　　　　对校长胜任力评价的性别差异

维度	男（N=18457）		女（N=28506）		t 值	p 值	d 值
	M	SD	M	SD			
成就导向	7.86	2.06	7.81	1.95	2.814	0.005	0.026
公平公正	7.57	2.36	7.57	2.22	0.036	0.972	0.000

续表

维度	男（N=18457）		女（N=28506）		t值	p值	d值
	M	SD	M	SD			
服务精神	7.63	2.37	7.65	2.23	-1.025	0.305	-0.009
专业素养	7.67	2.14	7.75	2.02	-4.301	<0.001	-0.040
沟通与协调	7.56	2.12	7.55	2.01	0.667	0.505	0.006
规划与建设	7.52	2.08	7.50	1.98	1.018	0.309	0.009
决策与创新	7.60	2.03	7.60	1.91	0.209	0.834	0.002
领导与责任	7.77	2.03	7.81	1.88	-2.235	0.025	-0.021
胜任力总分	129.86	34.16	129.96	31.80	-0.350	0.727	-0.003

2. 不同民族评价者的差异比较

表 6.10 显示，胜任力的八个维度及总体胜任力均存在评价者评分的民族差异，汉族评价者对校长各类胜任力和总体胜任力的评价得分一致低于少数民族评价者，但效应量 d 值很小。

表6.10　　　　　　对校长胜任力评价的民族差异

维度	汉族（N=30138）		少数民族（N=16825）		t值	p值	d值
	M	SD	M	SD			
成就导向	7.81	2.01	7.86	1.96	-2.504	0.012	-0.023
公平公正	7.52	2.31	7.67	2.20	-6.604	<0.001	-0.061
服务精神	7.58	2.32	7.74	2.21	-7.424	<0.001	-0.069
专业素养	7.69	2.09	7.77	2.02	-3.916	<0.001	-0.036
沟通与协调	7.52	2.08	7.62	2.00	-5.138	<0.001	-0.047
规划与建设	7.47	2.05	7.57	1.97	-5.175	<0.001	-0.048
决策与创新	7.57	1.98	7.65	1.92	-4.163	<0.001	-0.038
领导与责任	7.76	1.97	7.86	1.88	-5.517	<0.001	-0.051
胜任力总分	129.32	33.23	130.99	31.85	-5.357	<0.001	-0.049

3. 城市、乡镇学校评价者的差异比较

表6.11显示，胜任力的八个维度及总体胜任力中，除"服务精神"不存在城乡学校类型差异外，其他均存在评价者来自城乡学校类型的显著差异，城市学校校长各类胜任力和总体胜任力的被评价得分一致高于乡镇学校，但效应量d值较小。

表6.11 对校长胜任力评价的城乡学校类型差异（N=46963）

维度	城市学校（N=11141）		乡镇学校（N=35822）		t值	p值	d值
	M	SD	M	SD			
成就导向	8.02	1.90	7.77	2.02	11.53	<0.001	0.106
公平公正	7.62	2.23	7.56	2.29	2.46	0.014	0.023
服务精神	7.66	2.25	7.63	2.30	1.21	0.227	0.011
专业素养	7.87	2.01	7.67	2.08	9.15	<0.001	0.084
沟通与协调	7.61	2.02	7.54	2.06	3.59	<0.001	0.033
规划与建设	7.63	1.97	7.46	2.03	8.26	<0.001	0.076
决策与创新	7.75	1.90	7.55	1.97	9.49	<0.001	0.088
领导与责任	7.92	1.88	7.76	1.96	7.80	<0.001	0.072
胜任力总分	131.86	31.77	129.32	33.03	7.30	<0.001	0.067

4. 不同学历评价者的差异比较

表6.12显示，胜任力的八个维度及总体胜任力均存在评价者评分的学历差异，总体来看，高学历（博士及以上）和低学历（大专以下）评价者对校长各类胜任力和总体胜任力的评价得分高于其他学历评价者，但效应量η^2很小。

表 6.12　对校长胜任力评价的评价者学历差异（N = 46963）

维度	大专以下 (N = 712)		大专 (N = 9173)		本科 (N = 36457)		硕士 (N = 526)		博士及以上 (N = 95)		F	p	η^2
	M	SD	M	SD	M	SD	M	SD	M	SD			
成就导向	8.11	2.12	7.90	2.04	7.81	1.98	7.79	2.06	7.79	2.03	7.02	<0.001	0.001
公平公正	8.06	2.29	7.72	2.29	7.53	2.27	7.40	2.26	7.86	2.41	21.88	<0.001	0.002
服务精神	8.23	2.08	7.81	2.27	7.59	2.29	7.41	2.34	7.82	2.38	30.91	<0.001	0.003
专业素养	8.10	2.08	7.80	2.08	7.69	2.06	7.57	2.16	7.95	2.28	11.71	<0.001	0.002
沟通与协调	8.03	2.02	7.70	2.05	7.51	2.05	7.39	2.11	7.79	2.15	26.75	<0.001	0.002
规划与建设	7.88	2.09	7.59	2.04	7.47	2.01	7.38	2.10	7.79	1.98	13.55	<0.001	0.001
决策与创新	7.95	1.99	7.69	1.97	7.57	1.95	7.52	1.97	7.79	1.99	12.83	<0.001	0.001
领导与责任	8.20	1.88	7.90	1.95	7.76	1.94	7.70	1.96	7.93	2.07	17.90	<0.001	0.002
胜任力总分	136.85	32.39	131.79	32.79	129.34	32.70	127.84	33.36	133.21	34.56	19.15	<0.001	0.002

5. 不同职务评价者的差异比较

表 6.13 显示，胜任力的八个维度及总体胜任力均存在评价者评分的职务差异，总体来看，领导（校领导和中层领导）、后勤人员对校长各类胜任力和总体胜任力的评价得分高于其他职务评价者，但效应量 η^2 很小。

6. 不同学段评价者的差异比较

表 6.14 显示，胜任力的八个维度及总体胜任力均存在评价者学段的差异，总体来看，中学学段评价者对校长各类胜任力和总体胜任力的评价得分低于其他学段评价者，但效应量 η^2 很小。

表 6.13 对校长胜任力评价的评价者职务差异（N=46963）

维度	中层领导 (N=6992)		年级组长 (N=1445)		教研组长 (N=2704)		科任教师 (N=33833)		班主任/辅导员 (N=1082)		校领导 (N=353)		后勤 (N=554)		F	p	η^2
	M	SD	M	SD	M	SD	M	SD	M	SD	M	SD	M	SD			
成就导向	8.18	1.79	8.08	1.89	7.95	1.89	7.73	2.04	7.77	2.00	8.35	1.68	8.22	1.88	65.06	<0.001	0.008
公平公正	8.22	1.88	7.83	2.11	7.71	2.14	7.43	2.33	7.64	2.24	8.41	1.87	7.97	2.14	104.39	<0.001	0.013
服务精神	8.18	2.01	7.93	2.13	7.77	2.18	7.49	2.34	7.70	2.32	8.41	1.84	8.17	2.03	106.92	<0.001	0.013
专业素养	8.07	1.86	8.07	1.86	7.84	1.97	7.61	2.12	7.76	2.02	8.16	1.78	8.20	1.84	61.80	<0.001	0.008
沟通与协调	7.98	1.81	7.77	1.95	7.64	1.94	7.44	2.11	7.59	2.04	8.21	1.73	8.00	1.85	82.51	<0.001	0.010
规划与建设	7.91	1.80	7.73	1.89	7.60	1.90	7.39	2.07	7.45	2.04	8.11	1.70	7.95	1.88	78.67	<0.001	0.010
决策与创新	7.97	1.75	7.82	1.84	7.70	1.86	7.49	2.01	7.58	1.94	8.15	1.69	8.05	1.76	72.27	<0.001	0.009
领导与责任	8.21	1.72	8.07	1.80	7.91	1.83	7.67	1.99	7.85	1.90	8.41	1.65	8.27	1.70	95.73	<0.001	0.012
胜任力总分	136.95	28.92	134.05	30.42	131.71	30.76	127.91	33.60	130.13	32.07	140.33	27.70	137.62	28.93	92.24	<0.001	0.012

表 6.14　对校长胜任力评价的评价者学段差异（N=46963）

维度	小学 (N=25790)		初中 (N=12706)		高中 (N=2218)		完中（初中和高中都有）(N=3146)		九年一贯制学 (N=1829)		其他 (N=1274)		F	p	η^2
	M	SD	M	SD	M	SD	M	SD	M	SD	M	SD			
成就导向	7.87	2.00	7.74	2.01	7.74	1.90	7.85	2.02	7.98	1.87	7.90	1.91	10.01	<0.001	0.001
公平公正	7.73	2.23	7.33	2.34	7.31	2.23	7.38	2.31	7.67	2.23	7.77	2.17	67.38	<0.001	0.007
服务精神	7.81	2.23	7.40	2.35	7.28	2.28	7.34	2.40	7.73	2.22	7.88	2.13	83.86	<0.001	0.009
专业素养	7.81	2.04	7.56	2.12	7.49	2.07	7.64	2.14	7.83	1.97	7.88	1.95	34.07	<0.001	0.004
沟通与协调	7.68	2.01	7.36	2.11	7.30	2.04	7.37	2.15	7.64	1.99	7.74	1.93	58.28	<0.001	0.006
规划与建设	7.59	2.00	7.33	2.06	7.34	1.94	7.42	2.09	7.65	1.91	7.71	1.91	35.52	<0.001	0.004
决策与创新	7.68	1.94	7.44	2.00	7.45	1.89	7.53	2.03	7.70	1.88	7.80	1.86	33.02	<0.001	0.004
领导与责任	7.90	1.90	7.61	2.01	7.55	1.92	7.67	2.03	7.90	1.85	7.99	1.81	50.89	<0.001	0.005
胜任力总分	131.69	32.17	126.89	33.77	126.34	32.09	127.84	34.15	131.80	31.33	133.16	30.54	48.58	<0.001	0.005

7. 不同工龄评价者的差异比较

表6.15显示，胜任力的八个维度及总体胜任力均存在评价者工龄的差异，总体来看，工龄超过10年的评价者对校长各类胜任力和总体胜任力的评价得分高于其他工龄评价者，但效应量 η^2 很小。

表6.15　　对校长胜任力评价的评价者工龄差异（N=46963）

维度	0—4年 （N=7773）		5—10年 （N=8791）		10年以上 （N=30399）		F	p	η^2
	M	SD	M	SD	M	SD			
成就导向	7.66	1.92	7.72	1.95	7.91	2.02	66.44	<0.001	0.003
公平公正	7.58	2.08	7.50	2.26	7.59	2.33	6.41	0.002	0.000
服务精神	7.57	2.14	7.55	2.26	7.69	2.33	17.22	<0.001	0.001
专业素养	7.69	1.95	7.65	2.05	7.75	2.10	7.96	<0.001	0.000
沟通与协调	7.48	1.97	7.46	2.03	7.60	2.08	23.96	<0.001	0.001
规划与建设	7.45	1.92	7.40	2.00	7.55	2.05	19.95	<0.001	0.001
决策与创新	7.54	1.86	7.51	1.94	7.64	1.99	19.17	<0.001	0.001
领导与责任	7.71	1.85	7.71	1.91	7.84	1.98	24.68	<0.001	0.001
胜任力总分	128.75	31.12	128.37	32.22	130.67	33.28	22.73	<0.001	0.001

8. 不同经济水平地区评价者的差异比较

不同经济水平的划分是以2021年云南省各州（市）生产总值（GDP）为标准，将16个州（市）分为高、中、低三组。经济高水平地区：位于前五名的州（市）；经济低水平地区：位于后五名的州（市）；其余六个州（市）为经济水平中等地区。表6.16显示，胜任力的八个维度及总体胜任力均存在地区上的差异，总体来看，经济高水平地区的评价者评分低于经济中等水平和低水平地区的评价者评分，但效应量 η^2 很小。

表6.16　　对校长胜任力评价的不同经济水平的地区差异

维度	经济高水平地区 (N=23084)		经济中等水平地区 (N=13736)		经济低水平地区 (N=8822)		F	p	η^2
	M	SD	M	SD	M	SD			
成就导向	7.75	2.03	7.88	1.97	7.97	1.92	46.01	<0.001	0.002
公平公正	7.45	2.31	7.70	2.21	7.70	2.24	65.37	<0.001	0.003
服务精神	7.51	2.33	7.77	2.22	7.79	2.23	79.70	<0.001	0.003
专业素养	7.63	2.10	7.78	2.02	7.85	2.02	44.24	<0.001	0.002
沟通与协调	7.46	2.09	7.66	1.99	7.67	2.03	56.69	<0.001	0.002
规划与建设	7.41	2.05	7.56	1.98	7.67	1.97	61.51	<0.001	0.002
决策与创新	7.51	1.99	7.66	1.92	7.75	1.91	55.12	<0.001	0.002
领导与责任	7.69	1.98	7.87	1.89	7.95	1.89	72.53	<0.001	0.003
胜任力总分	128.22	33.37	131.24	31.90	132.34	31.91	66.72	<0.001	0.003

（四）他评校长胜任力潜在剖面分析

非校长填写的中小学校长胜任力现状调查问卷共收集到50259份，删除不认真作答或各维度评分一致为满分的问卷，保留有效问卷46963份，问卷回收有效率为93.44%。

按照自评部分因素分析结果计算各校长在成就导向、公平公正、服务精神、专业素养、沟通与协调、规划与建设、创新与决策、领导与责任八个胜任力维度的被评价得分，利用这八个维度指标将校长进行潜在类别分类。由于胜任力维度分可视为连续变量（单个维度0—10计分），故使用潜在剖面模型。

使用Mplus软件潜剖面模型，将校长分成二类、三类、四类、五类、六类，比较各模型的参考指标，见表6.17。表6.17中，AIC、BIC和aBIC越小模型越好，Entropy越接近1越好、最好大于0.8，LMR和BLRT则反映k分类模型比k-1分类模型的改善程度（小于0.05代表改善显著），类别概率表示使用当前分类模型将样本分类、各潜类别占总样本的比例。结合类型的理论含义，本研究选取四类别模型，即根据他评校长胜任力八个维度得分，可以将校长分为四个潜在类别，此时Entropy接近最大，aBIC也渐趋于平缓，如果继续增加分类数模型不易解释。

表 6.17　　　　　他评校长胜任力潜在剖面模型拟合信息

类别数	AIC	BIC	aBIC	Entropy	LMR	BLRT	类别概率
二类	1323817.981	1324036.841	1323957.391	0.967	<0.001	<0.001	0.27109/0.72891
三类	1203393.313	1203690.963	1203582.911	0.968	0.3333	<0.001	0.08081/0.31268/0.60651
四类	1108882.926	1109259.366	1109122.712	0.96	0.3333	<0.001	0.05786/0.19474/0.34362/0.40378
五类	1068400.752	1068855.983	1068690.726	0.951	<0.001	<0.001	0.11359/0.04279/0.18915/0.29056/0.36392
六类	1048356.297	1048890.317	1048696.458	0.946	<0.001	<0.001	0.02622/0.05060/0.13942/0.16641/0.26895/0.34840

如图 6.2 所示，他评校长胜任力划分为四个潜在类别后，类别一可命名为"低胜任力"，各胜任力维度均低于另外三类校长且低于 4 分；类别二可命名为"合格胜任力"，各维度评分在 6 分左右；类别三可命名为"较高胜任力"，各胜任力维度评分在 8 分左右；类别四可命名为"高胜任力"，各胜任力维度评分超过 9 分。

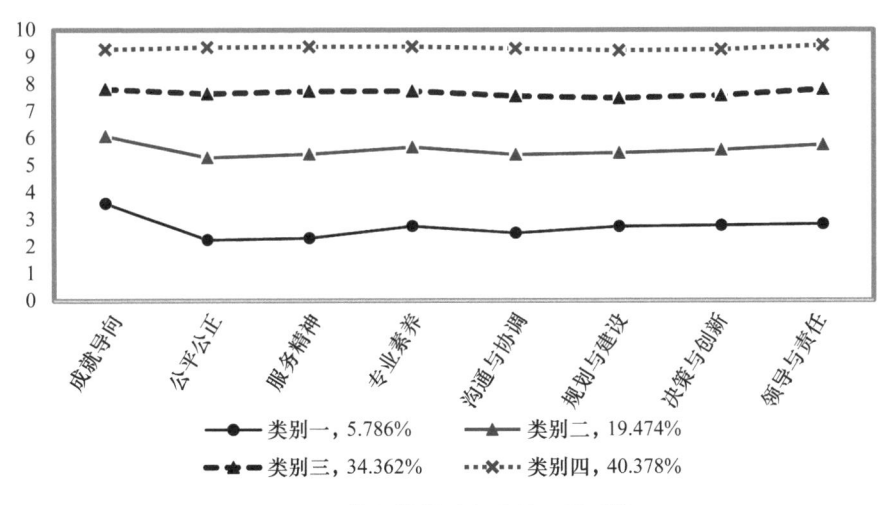

图 6.2　他评校长胜任力的四类群体

表 6.18 呈现了他评校长胜任力各类型的具体人数和胜任力特点。第一类低胜任力人数较少，2710 人，占 5.79%，这类校长在胜任力各维度他评分

均小于4分（除成就导向外均小于3分）；第二类合格胜任力校长有9121人，占比19.474%，各胜任力维度评分5—6分；第三类较高胜任力校长有16094人，占比34.36%，各胜任力维度评分7—8分；第四类高胜任力校长有18912人，占比40.38%，各胜任力维度评分9—10分。进一步在表6.18中检验四类胜任力校长的被评价胜任力差异，所有八个维度得分在四类校长间差异均非常显著，效应量也较大，各维度均存在高—低胜任力组、高—合格胜任力组、高—较高胜任力组、较高—合格胜任力组、较高—低胜任力组、合格—低胜任力组的两两差异，总体胜任力的表现也类似。

表6.18　他评校长胜任力各类型的典型胜任力特点

维度	第一类 (N=2710)		第二类 (N=9121)		第三类 (N=16094)		第四类 (N=18912)		F	p	η^2	LSD
	均值	标准差	均值	标准差	均值	标准差	均值	标准差				
成就导向	3.60	2.08	6.08	1.50	7.82	1.19	9.28	0.90	25881.39	<0.001	0.62	
公平公正	2.26	1.44	5.29	1.43	7.66	1.13	9.37	0.80	50617.18	<0.001	0.76	
服务精神	2.32	1.42	5.42	1.55	7.75	1.23	9.39	0.83	43277.90	<0.001	0.74	4>1
专业素养	2.76	1.55	5.67	1.19	7.75	0.93	9.39	0.70	58182.58	<0.001	0.79	4>2
沟通与协调	2.51	1.15	5.39	0.93	7.56	0.76	9.32	0.59	97199.96	<0.001	0.86	4>3
规划与建设	2.75	1.18	5.46	0.88	7.49	0.78	9.24	0.63	86886.25	<0.001	0.85	3>1
决策与创新	2.79	1.21	5.57	0.87	7.59	0.73	9.27	0.60	91326.85	<0.001	0.85	3>2
领导与责任	2.84	1.22	5.75	0.89	7.82	0.75	9.43	0.53	94099.23	<0.001	0.86	2>1
总体胜任力	2.73	1.01	5.57	0.65	7.65	0.53	9.33	0.45	164392.91	<0.001	0.91	

第三节　调查结果综合分析

一　调查对象的代表性

1. 中小学校长胜任力自评的被试样本代表性强、结构多元

云南省中小学校长中，男性的占比远高于女性；少数民族占比37.5%，充分体现了云南少数民族特点；近80%的被试都具有本科及以上学历，被试

已具备一定的知识文化基础，掌握了一定的基础理论、专门知识和基本技能，具有一定的科学思维能力、解决实际问题的能力等；超过一半的校长都具有5年及以上较长的工作资历与管理经验，具备了提取有效数据的客观条件；调研充分体现了各级各类学校的代表性，从学校类型来看，小学占比74.2%，中学占比19.4%，符合云南省中小学数量结构的实际（云南省共有小学10533所、初中1692所、普通高中616所，小学和中学的比例大概是4.6∶1[①]）；2104名校长中，93.8%的校长还承担了教学工作；2104名校长覆盖了云南全省16个州（市），能够综合反映云南省的整体情况。

2. 中小学校长胜任力他评的被试样本同样代表性强、结构多元

调查对象中，男性占比39.3%，女性占比60.7%，女性多于男性，与几次正职校长样本的性别比例相反；少数民族16852人，占比35.8%，同样充分体现了云南少数民族特点；40岁以下人员占比50.5%，40—60岁占比49.3%，年龄覆盖面广；近80%的被试都具有本科及以上学历，被试已具备一定的知识文化基础，掌握了一定的基础理论、专门知识和基本技能，具有一定的科学思维能力、解决实际问题的能力等；工龄5—10年占比18.7%，10年以上占比64.7%，为客观、真实、有效评价校长胜任力提供了较好的基础；调研充分体现了各级各类学校的代表性，从学校学段来看，小学占比54.9%，中学占比38.5%，符合云南省中小学数量结构的实际；从岗位来看，中层领导占比14.9%，年级组长占比3.1%，教研组长5.8%，科任教师占比72%，其他人员占比4.3%，有利于从中小学的各个岗位层面全面了解校长胜任力情况；46963名人员覆盖了云南全省16个州（市），能够综合反映云南省的整体情况。

二 中小学校长的胜任力现状

（一）校长自评情况

第一，总体来看，校长在各维度有良好的胜任力。具体而言，校长在

[①] 云南省教育厅：《云南省2021/2022学年初全省教育事业发展统计公报》，2022年3月23日发布。

"服务精神""公平公正""领导与责任""决策与创新"方面更加胜任，在"成就导向""专业素养""规划与建设""沟通与协调"方面则相对薄弱。

第二，根据潜在剖面模型分析和验证校长胜任力水平高低的合理分组，将调查中小学校长胜任力水平分为三个潜在类别最为合理，类别间差异足够大。第一类为"低胜任力"组，仅30人，占1.426%；第二类为"中等胜任力"组，1050人，占49.905%；第三类为"高胜任力"组，1024人，占48.669%。中小学校长胜任力总体较好。

第三，城市学校校长胜任力水平高于乡镇学校校长，特别体现在"成就导向""专业素养""沟通与协调""规划与建设""决策与创新""领导与责任"以及胜任力总分上；但在"公平公正"和"服务精神"方面，城市和乡镇的校长没有显著差异。

第四，从胜任力总分来看，任职年限大于10年的校长胜任力水平最高。在"沟通与协调""规划与建设""决策与创新""领导与责任"四个胜任特征上高于任职年限10年及10年以下的校长；在"公平公正""成就导向"两个胜任特征上，不同任职年限的校长没有显著差异。

(二) 他评情况

第一，总体来看，各个胜任维度上和总体胜任力评价得分都接近良好胜任力水平。对校长评价相对较高的胜任特征是"成就导向""领导与责任""专业素养"，较低的胜任特征是"规划与建设""沟通与协调""公平公正""决策与创新"，中等的胜任特征是"服务精神"。

第二，根据潜在剖面模型分析和验证他评校长胜任力水平高低的合理分组，将调查中小学校长胜任力水平分为四个潜在类别最为合理，类别间差异足够大。第一类为"低胜任力"组，2710人，占5.79%；第二类为"合格胜任力"组，9121人，占19.474%；第三类为"较高胜任力"组，16094人，占34.36%；第四类为"高胜任力"组，18912人，占40.38%%。并且，所有八个维度得分在四类校长间差异均非常显著，效应量也较大。74.74%的人员都认为学校校长的胜任力水平较高。

第三，汉族评价者对校长各类胜任力和总体胜任力的评价得分一致低于少数民族评价者，胜任力的八个维度及总体胜任力均存在评价者评分的民族差异。

第四，除"服务精神"胜任特征外，其他均存在评价者来自城乡学校类型的差异。城市学校校长各类胜任力和总体胜任力的被评价得分一致高于乡镇学校。

第五，胜任力的八个维度及总体胜任力均存在评价者评分的职务差异。总体来看，学校除正职校长外的校领导、中层领导、后勤人员对校长各类胜任力和总体胜任力的评价得分高于其他职务评价者。

第六，胜任力的八个维度及总体胜任力均存在评价者学段的差异。总体来看，中学学段评价者对校长各类胜任力和总体胜任力的评价得分低于其他学段评价者。

第七，胜任力的八个维度及总体胜任力均存在评价者工龄的差异。总体来看，工龄超过10年的评价者对校长各类胜任力和总体胜任力的评价得分高于其他工龄评价者。

第八，胜任力的八个维度及总体胜任力均存在地区上的差异。总体来看，经济高水平地区的评价者评分低于经济中等水平和低水平地区的评价者评分。

(三) 中小学校长胜任力自评与他评的共性

1. 中小学校长胜任力水平总体趋于良好，两者评价一致

中小学校长自评潜在剖面模型数据显示：第二类"中等胜任力"组人数占49.905%，且中等胜任力校长在胜任力各维度自评得分在3.8—4.2分之间（满分为5分），从此处可推测，"中等胜任力组"大概应有一半的校长胜任力偏向"较高"（近25%的校长）；第三类"高胜任力"组人数占48.669%。因此近74%的校长在胜任力水平较高及以上组。

他评校长胜任力水平潜在剖面模型数据显示：第三类"较高胜任力"组人数占34.36%，第四类"高胜任力"组人数占40.38%，因此74.74%的校长在胜任力水平较高及以上组。

校长自评与他评的潜在剖面模型数据共同显示：约74%的校长都归类为胜任力水平"较高及以上组"，说明云南省中小学校长胜任力水平总体趋于良好。

2. 中小学校长"领导与责任"胜任特征评分较高

从中小学校长胜任力的自评和他评结果来看，"领导与责任"该项胜任特征得分都较高，说明校长具备较强的"领导与责任"胜任特征。校长们在"坚持社会主义办学方向，忠诚于党和人民的教育事业；热爱教育事业和学校管理工作，具有服务国家、服务人民的使命感和社会责任感；了解自己肩负的教育使命、具有坚定的信念；为达到团队既定目标而自愿与他人合作和一起协同努力"等方面进行自我肯定，同时也受到了校内其他老师们的一致认可。

3. 城市中小学校校长胜任力水平高于乡镇学校校长

自评和他评数据都显示，特别体现在"成就导向""专业素养""沟通与协调""规划与建设""决策与创新""领导与责任"以及胜任力总分上，城市中小学校的校长胜任力水平高于乡镇学校的校长胜任力水平。

三 调查研究结果的意义和启示

本调查研究结果的意义在于，以往对校长胜任力的研究分析的对象是指标和变量，再根据指标和变量的分值范围划定校长等级，而本研究则以个体为中心的视角，通过从校长自身、校内其他各类人员多个不同来源的被试对不同条目的反应划分成三个和四个不同质的潜在类别，这也说明不同类别的中小学校长胜任力有着内在的异质性。

实现基础教育高质量发展校长是关键，对直接影响办学质量的校长胜任力研究急需大量相关的理论研究和实践指导，进而揭示我国中小学校长胜任力的科学结构与评价。本研究基于校长自评、他评两个维度，尝试运用潜在剖面模型方法，探索中小学校长胜任力的现状。结合数据分析结果，对开展校长胜任力研究的启示是：

（一）从多维视角评价校长胜任力，结果更趋客观和公正

对中小学校长的评价基本局限于外部评价，主要是由上级主管部门做

出评价，内部评价则主要以校长的自我评价为主，通过本研究的数据分析结果发现校长对自我的评价与学校其他各类人员的评价存在着一定差异，如领导班子其他成员、中层领导、科任教师等都是校长胜任力的最直接感知者和最具发言权者，因此中小学校长的评价不仅仅需要有外部评价，同时更需要有与校长工作紧密相关的不同人员的多维度评价结合，才能科学全面地测评校长的胜任力，最终对校长的胜任力做出客观、公正、公平的评价。

（二）依托胜任力模型完善中小学校长考核评价标准

学校兼具教育机构和行政机构的双重职能，是以教育教学和培养人才为己任的机构，但目前的中小校长考核标准并未完全兼顾中小学改革建设发展中的现实需要及校长岗位角色的特殊性，主要依据党政干部的考核标准，从德、能、勤、绩、廉五个方面进行考核和评价，过度强化行政性评价。本文的研究，多维度、多视角、全方位揭示了中小学校长胜任力对新时代中小学改革发展的影响和校长工作绩效的影响，所以本文构建的胜任力模型，研制开发的中小学校长胜任力水平自评量表、中小学校长工作绩效他评量表等，可作为优化完善新时代中小学校长考核评价标准的理论基础和科学参考依据；同时，也可作为中小学校长招聘、选拔的理论依据和参考标准。

（三）运用胜任特征提高校长培训效能

"校长专业水平越高，学生取得较高学业水平可能性越大"[1]，"基于胜任特征所采取的各种促进校长专业发展的举措所获得的效果将远远超过岗位职责要求的效果"[2]，所以，建议教育行政主管部门及相关培训机构，运用胜任特征，一方面，探索和实践中小学校长培养培训的新模式和新机制；另一方面，在设计校长培养培训计划和方案时，首先测评校长的各项胜任特征水平，再有针对性地提升和培养校长的胜任特征，提高中小学校

---

[1] 席梅红、余奇、熊彦等：《中小学校长专业发展调查研究——基于广东省三个样本县（区）的实证分析》，《上海教育科研》2018年第3期。

[2] 王帅：《中学名校校长胜任特征研究》，《教育学术月刊》2017年第7期。

长的培训效能。从本研究的模型验证阶段可看出，校长的 7 项一级胜任特征中，"专业素养""规划与建设"两项胜任特征在中等绩效和低绩效两组校长中的得分都低于其他胜任特征、在高绩效组校长中的得分也位居最后，是校长们的劣势和短板，所以，云南省"万名校长培训计划"项目等云南省的相关校长培训，应适度重点培养和提升校长的"专业素养""规划与建设"两项胜任特征。

第七章

中小学校长胜任力的提升策略

中小学校长胜任力作为校长职业角色的综合性特征，是在校长自身专业成长与外部环境之间的互动中不断建构而成，是校长工作实践中自觉反思，不断内省和持续发展的结果。因此，校长胜任力的提升不是单一的问题，而是以校长专业角色为核心，围绕中小学校长的工作生态持续改进的系统化工程。从调查结果可以看出，当前云南省中小学校长的胜任力在"成就导向""专业素养""规划与建设""沟通与协调"方面还相对薄弱。而新时代发展背景给校长胜任力提出了新的要求，即探索以适应高质量教育发展的新型校长胜任力，是一种走向整合、创新、共赢与辐射为核心价值取向的校长胜任力诉求。针对这些问题以及新的挑战，基于中小学校长胜任力模型及其应用，可以通过管理优化赋权、专业持续增能、学校特色文化、社会资源整合等途径从体制保障、个体内驱力、激励手段和外部支持等方面提升中小学校长的胜任力。

第一节 管理优化赋权：中小学校长胜任力 提升的体制保障

赋权增能是20世纪80年代西方学者基于企业管理中雇员参与决策与影响工作效率之间的关系提出的理论。拉帕波特认为赋权增能是指权利缺失的弱势群体通过运用外部资源获得改善生存环境的能力，从而实现社会适应性平衡，并强调这是一个"减少无权感"的改变过程。① 其目的就是要通过提升企业管理中行动者的参与权利和技能来增强其自主性，从而发挥对企业管理的效率，实现增能。"赋权"就是机会、公平的具体体现，从单一向度来看，赋权更多关注结果公平，具体为制度赋权和管理赋权等。② 通过赋权来解绑中小学校长在制度、管理和行政运行环境中的障碍，更新行政管理的理念，健全校长管理的相关政策，可以为中小学校长胜任力提升提供制度保障。

一 合理赋权：让校长享有更充分的学校管理自主权

当前基础教育体制正从教育行政管理向教育行政治理转化，传统集权化的管理体制仍占主导，多元化的教育治理模式尚未形成，导致政府作为办学、管理和评价主体的角色仍占主导，在此形式下，校长的自主权非常局限。③ 赋权的首要任务就是要给校长松绑，进一步落实和加强校长的自主权，健全相关的中小学校长管理体制，完善组织机构和校长权力，优化校长管理，即管理赋权，从而形成现代基础教育学校治理体系。具体而言，在确保基本的教育方针、价值导向、办学方向和课程标准不偏离的条件下，通过适当简政放权赋予校长在学校管理、教师评聘、课程制定和考评等方面更多的决策参与权和话语权，从而增强中小学校长的管理主体地位。例如在学校课程管理的维度上，可以充分发挥学校教师的专业性，形成地方市级行政教研室、区教研室到中小学的三级服务体系，保证纵向行政管理的同时，充分发挥校长在中小学课程管理的作用，使学校教师专业体现最大化。这也在一定程度上为中小学校长在"成就导向"上的胜任力提供空间，使其在发挥行为内在动力的同时不断落实公平质量的教育理念和服务意识，从而提升"公平公正"和"服务精神"的胜任力。

---

① 王英、谭琳：《赋权增能：中国老年教育的发展与反思》，《人口学刊》2011年第1期。
② 舒川、吴曲：《赋权增能：我国学龄前残疾儿童运动康复发展路径》，《哈尔滨体育学院学报》2020年第2期。
③ 范国睿：《基于教育管办评分离的中小学依法自主办学的体制机制改革探索》，《教育研究》2017年第4期。

二 政策优化：完善中小学校长的岗位职责

赋权的另一个重要内容就是建立和完善中小学校长政策体系，给予其发挥自主权的制度保障，即制度赋权。[①] 传统教育行政管理中，上级教育主管部门作为管理者中的权威习惯在政策实施、人才选聘和评价晋升上过度干预学校校长的决策，使得校长无法最大化地发挥自己的领导权，这就需要政策优化。教育主管部门制定相应政策时考虑不同区域层次学校的教育发展侧重点和实际情况，落实调研，科学决策，民主实施，以保证政策执行的稳定性、连贯性和有效性。从而确保在政策总体导向正确的情况下，明确各方权利主体的权责，避免教育主管部门行使行政权力的越界行为，为校长胜任力的提升提供可靠的政策依据和宽松的制度环境。另外，优化校长任职资格证书制度和聘任制度。校长任职资格制度是对校长资质准入的基本要求，是提升校长胜任力的制度保障。其制度的不断完善是校长专业素养制度化的结果，是保障校长胜任力的有效途径。第一，中小学校长任职资格证书考试制度应遵循开放灵活的原则。符合校长任职条件、修完校长资格证书所需课程、通过资格考试的人，都可以向教育行政部门申请校长资格证书，取得应聘或受任校长职务的资格；第二，实行中小学校长任职资格证书有效期制。证书有效期的设定可以保证校长在此时间周期内持续改进和不断完善。

第二节 专业持续增能：中小学校长胜任力提升的个体驱动

专业素养是中小学校长胜任岗位职责所必需的专业知识、职业素养和实践经验，是中小学校长胜任力的重要维度之一。中小学校长应树立终身

---

① Lee C K, Dimmock C, "Curriculum Leadership and Management in Secondary Schools: A Hong Kong Case Study", *School Leadership & Management*, Vol. 19, No. 4, 1999.

学习的观念，不断夯实自身的专业知识、专业技能、专业情怀等综合能力，向内增能，才能实现胜任力水平的整体提升。

一 内外"增能"促进胜任力的提升

赋权和增能是一个双向互动的过程，如果说赋权保障了中小学校长胜任力提升的可信背景和宽松空间，"增能"则重点关注校长个体胜任力提升的机会，包括内在增能和外在增能。[①] 内在增能强调校长专业素养的内生性发展，外在增能强调外部力量对校长胜任力提升的推动和促进作用。内外"增能"的根本目的是提升中小学校长的专业素养，提高校长胜任岗位的基本要求，让校长从行政管理人员走向专业职业人员，真正实现可持续增能。可见，"赋权"和"增能"有机统一于中小学校长的胜任力提升中，"赋权"的目的在于"增能"，为增能提供良性循环，而满足"增能"需求则对"赋权"提出了必要要求。

二 内外"增能"的实施途径

中小学校长的内外增能可以通过以下途径来实现：一是专业理念的更新。中小学校长自身要强化专业知识和能力，紧扣新时代学校发展的背景，及时掌握信息化社会发展和政策引领对学校教育表格的要求，自觉地进行专业理念更新。二是持续的专业反思。洛克认为人必须通过反省才能获得对如知觉、思维、信仰等观念。反思的本质是一种理解与实践之间的对话，是这两者之间的相互沟通的桥梁，又是理想自我与现实自我在心灵上的沟通，[②] 是人的主体性在自我角色期待上的表现。专业反思是校长专业素养在职业胜任中的重要表现。中小学校长的专业反思不仅能提升自我，更重要的是形成专业成长的持续内驱力，增强校长的责任心，提升学校的管理效能。三是重塑学习型校长角色，提升专业能力。校长专业能力

---

① 卢继青：《乡镇成人学校开展企业职工培训的赋权增能研究》，《河北大学成人教育学院学报》2017年第2期。
② 朱小蔓：《教育的问题与挑战：思想的回应》，南京师范大学出版社2000年版，第337页。

是需要在长期复杂的实践活动中生成的,其学习也不应局限于理论或环境,而因其工作环境和内容具有情境性、实践性、复杂性和生成性。一个卓越的校长的专业素养应立足于教育实践,在解决教育问题中主动学习和批判,才能不断提升沟通与协调、领导与责任等专业能力,成长为学习型校长。

第三节　学校特色文化:中小学校长胜任力提升的激励路径

基于文化形态的视角,学校是文化场域,校长是学校的文化符号,教育的本质是人与文化之间的双向建构。构建学校特色文化既是中小学校长胜任力的文化形态体现,又是促进校长胜任力的激励路径,二者相互作用,互为实现。

一　学校特色文化是校长胜任力的文化形态体现

学校文化是由一定的历史阶段上包含着由学校团体所理解和认同的标准、价值、信仰、象征、典礼、仪式、礼节、传统和传说等组成的意义传播系统。[①] 学校特色文化作为学校文化的内核,是通过文化浸润和滋养学生的精神世界,实现育人目标的价值凝练,也是校长胜任力在文化形态上的体现。学校特色文化是一所学校区别于其他学校的价值体现,是最能彰显本校发展理念的独特标志。其形成方式在于历史积淀、个体差异和育人理念,即奠基于学校历史发展的整体意蕴,表现出独特的学校运作思维和行动方式,生成于学校成员所认同和共享的学校信念,最终达到文化化人、文化育人的旨归,以上三者都离不开校长的胜任力。校长的决策力、责任心、使命感、领导力等胜任特征直接体现在其学校

---

① 刘献君、陈玲:《学校特色文化建设的路径探究》,《中国高教研究》2021 年第 3 期。

的特色文化生成上。例如，学校的校园环境、楼宇设计、校徽文化等是校长规划与建设学校的物质文化体现；学校的机构部门设置及其规章制度等组织文化是校长领导与责任、沟通与协调等胜任特征的体现；学校的办学理念、核心价值以及思维方式等精神文化是校长服务精神、决策与创新、专业素养等胜任特征的体现；而学校日常运作和生活习惯是校长领导与责任、成就导向等的具体落实。可见，学校的办学目标、办学理念，甚至师生的言谈举止等方面，都体现着校长的智慧和思想，是校长文化感召力的最直接显现。而学校文化是校长作为组织机构的领导角色践行文化育人的形态体现。

二 依托学校特色文化建设激励校长胜任力水平提升

在深入推进基础教育改革和核心素养教育的时代背景下，中小学校长应充分认识到外在的教育变革应该要落到学校的特色文化中沉淀下来，依托文化建设才能成为激励学校可持续发展的内在力量。校长在对本校文化的历史透视、资源整合和意识提炼中探索符合本校发展的价值理念，从而推动学校优质发展的过程中提升自我胜任力水平。对于云南省的中小学校长而言，面对应试教育的大流，如何从教育管理者向教育实践家转变，发掘地方民族文化特色，扎根当地办教育成为重要挑战。因此，中小学校长的胜任力提升可以依托学校特色文化的孕育，通过学校核心价值观、特色课程体系、民族传统文化融入等方式，解决好学校发展的迫切问题和发展思路，明晰学校的发展愿景，激励校长不断提升自我。此外，中小学校园特色文化创建还需要扎根地方文化背景，关注民族特色。民族教育工作在促进各民族相互理解和尊重，深化各族群众的交往交流交融，推动民族地区发展和建设，积极贯彻落实党中央有关民族政策等方面具有无可替代的作用。[①] 而学校特色文化是由校长及其教师团队共同参与建构精神理念和人文品格。当前乡村振兴的大背景下，中小学校长应把学校文化与乡村文

---

① 杨云安、青觉：《创新民族团结教育方式研究——基于社会主义核心价值观建构视角》，《黑龙江民族丛刊》2015年第4期。

化相结合，借力乡村振兴，实现教育赋能，同时通过学校文化传承地方文化和民族特色，复苏乡村文化。

第四节　社会资源整合：中小学校长胜任力提升的外部支持

中小学校长胜任力的提升不仅要考虑纵向行政管理自上而下和自下而上的双向互动，也要考虑横向社会资源的整合，将理论和实践相结合，最大化地为校长成长提供资源和平台。

一　形成校长胜任力提升的资源支持网络

教育是一项系统工程，中小学校长胜任力的提升离不开教育资源的支撑，离开资源基础，校长的胜任力则无提升的基本条件。提升云南中小学校长胜任力，需要以学校—政府—社会之间协同运作的资源共建机制作为外部保障。三者应以地方学校教育的优质发展为目标，发挥各学校在区域、资源、空间和条件等方面的优势，构建相互支持、相互配合的校长胜任力支持网络，实现资源的有效匹配和运转机制。具体而言，一是利用社会资源开展校长胜任力提升的专项研究和培训。学校可以拓展社会资源，联合企业、教育行政机构、高校学者等开展关于校长胜任力提升的专项研究和培训，针对性地解决胜任力不足的问题，开阔中小学校长的眼界和思维，形成常态化胜任力提升的教研形式。二是利用互联网平台，构建校长胜任力提升的网络学习资源。数字时代，信息素养不仅是校长胜任力的内容之一，也是校长提升自我不可或缺的重要平台。互联网平台可以共享大量的校长学习资源，通过地方联动，校际合作的网络资源学习库共建共享，形成校内校外、线上线下、行内行外的协同互动，为中小学校长学习提供真实广泛的学习平台，开拓胜任力提升的综合路径。这些社会资源的整合共同形成中小学校长胜任力提升的社会支持，不仅能对校长办学提出期望和客观及时的评判,还能发挥资源整合的力量支持校长成长。

二 优化校长胜任力提升的资源支持系统

从系统论的观点来看,资源整合优化体现的是资源各要素和体系之间形成整体性概观、关联性梳理、结构性调整,从而实现整体功能和动态平衡,进而构成一个有机整体,实现一种"互构"的系统。[①] 为更好地支持云南省中小学校长的胜任力提升,可以通过以下资源整合提供保障。首先,人力资源整合,加强家校社联动开展办学。家长作为学校教育的多元主体在传统的办学过程中容易被忽略,伴随改革的不断深入,社区尤其是农村教育社区逐渐成为联系学校、家庭和社会的重要场域,学校教育无疑在三者中起到衔接和融合的重要角色。校长要主动联系社区和家长,整合力量和资源,依托项目等建立长期稳定的合作机制,发挥家庭教育在学校教育中的功能,从而提升沟通协调能力。其次,落实政策支持,积极参与优化完善教育政策法规。进一步落实校长培养和培训的政策法规,推进校长权利义务落地,优化中小学校长专业训练、绩效考核以及奖励制度,转变考核方式,给校长胜任力的提升创造宽松的环境。最后,文化资源共享,为校长专业能力提升提供示范。通过典型示范、优秀案例等多种途径,引导区域教育系统进行各学校学习空间、课程等多因素的共享和互构,形成以校长终身学习综合体为目标的学习资源聚集承载平台,支持校长的专业能力提升和可持续发展。

---

① 戴向平:《乡村终身学习资源整合的现实基础、价值意蕴及其实现路径》,《成人教育》2022年第8期。

第八章

结论与展望

第一节 研究结论与创新之处

一 主要研究工作及结论

(一) 基于教育统计学原理科学开展中小学校长胜任力模型研究

本研究历时两年多的时间,开展了不同阶段的多轮小样本预测试和大样本测试。被试样本代表性强、结构多元,为提取有效数据奠定了客观、科学的基础。为保证本研究取样的有效性,特对本研究中共同以中小学正职校长为调研对象,并以进行验证性因素分析构建胜任力模型为研究目的的三次大样本数据进行了卡方检验(卡方检验 p 值均大于 0.05),见表 8.1。得出以下结论:在校长性别、民族、学历、担任校长年限、任职学校学段类型、城乡类型、地区经济类型上,三次大样本的数据结构基本一致,并且在民族、学段等指标上接近云南省实际情况,代表性强,对本研究提取有效数据奠定了客观、科学的基础。

表8.1　　　　　　　三次大样本人口变量结构比较

	三次样本分布差异卡方检验		分组	第一次 (N=333) 百分比(%)	第二次 (N=257) 百分比(%)	第三次 (N=2104) 百分比(%)
	χ^2	p				
性别	0.659	0.780	男	82.0	85.6	84.6
			女	18.0	14.4	15.4

续表

三次样本分布差异卡方检验		分组	第一次 （N=333） 百分比（%）	第二次 （N=257） 百分比（%）	第三次 （N=2104） 百分比（%）
	χ^2	p				
民族 1.307 / 0.512		汉族	70.3	66.5	62.5
		少数民族	29.7	33.5	37.5
学历 7.562 / 0.080		大专及以下	11.1	14.4	23.6
		本科	85.9	84.4	75.3
		硕博研究生	3.0	1.2	1.0
学段类型 1.101 / 0.915		小学	73.6	79.0	74.2
		中学（包括初中、高中、完中）	21.3	15.9	19.4
		九年一贯制学校	3.6	4.7	3.7
校长任职年限 5.099 / 0.278		0—4年	44.2	55.6	49.1
		5—10年	39.0	27.6	28.4
		10年以上	16.8	16.7	22.5
学校城乡类型 4.053 / 0.132		城市学校	21.0	12.1	11.5
		乡镇学校	79.0	87.9	88.5
地区经济类型 0.717 / 0.956		经济水平高（昆明、曲靖、红河、玉溪、楚雄）	41.1	43.1	41.2
		经济水平中等（大理、昭通、文山、保山、普洱、临沧）	44.4	47.5	46.2
		经济水平低（西双版纳、德宏、丽江、迪庆、怒江）	11.1	8.2	10.1

（二）构建了中小学校长的胜任力理论模型

根据文献挖掘、元分析研究和统计学原理，梳理、辨析、评述我国中小学校长的胜任力模型实证研究成果，分类提炼我国中小学校长胜任力构成要素的成果文献数据，为中小学校长胜任力模型构建提供坚实的理论基础；通过大样本问卷测量，360度反馈法，构建了由18项胜任力要素构成的中小学校长胜任力假设模型；编制中小学校长胜任力调查量表，以云南省"万名校长培训计划"项目的学员及云南各地的中小学校长为研究对象,开展了四轮预测试和三轮大样本测试,检验量表的信度和效度,不断修订量表项目,用实证的方法修正和构建了由8项一级胜任特征(13项二级胜任特征)构成的云南省中小学校长胜任力模型;最后,以云南各地教体局领导对其所管辖的中小学校长的绩效评价(高、中、低)为标准,验证所构建的中小学校长胜任力模型的有效性。

最终检验结果为:除"成就导向"在绩效高、中、低三组中差异不显著外,胜任力模型的其他维度及总分在绩效高、中、低三组校长中差异显著,"公平公正""服务精神""专业素养""沟通与协调(包括沟通能力、影响力、组织协调)""规划与建设(包括战略思考、培养他人、队伍建设)""决策与创新(包括决策力、主动性、创新性)""领导与责任(包括领导力、团队合作、责任心、使命感)"能够将绩效优劣的校长区分开来,该7项一级胜任特征(13项二级胜任特征)构成了中小学校长的胜任力模型。

(三)探析了中小学校长胜任力模型与绩效的关系

校长胜任力主要影响到"优化内部管理""营造育人文化""规划学校发展""调适外部环境",相对较少影响到"领导课程教学"和"引领教师成长",这与校长的主要工作职责聚焦于管理而非专业发展是一致的。

对各类绩效影响相对较强的校长胜任力是"规划与建设"和"专业素养",这两项胜任力偏重能力属性;其次是"决策与创新""公平公正""沟通与协调","沟通与协调"偏重能力属性,"公平公正"和"决策与创新"偏重人格属性;对各类绩效影响相对较弱的是"服务精神"和"领导与责任",这两项胜任力偏重人格属性;不对绩效产生影响的是"成就导向",它偏重人格属性。可见,校长胜任力综合了"校长能力"和"校长人格",二者共同构成校长胜任力,且总体上能力因素对绩效的影响强于人格因素。

(四)调查分析了云南省中小学校长胜任力水平现状

从校长自评和他评的潜在剖面模型数据显示,约74%的校长都归类为胜任力水平"较高及以上组",说明中小学校长胜任力水平总体趋于良好。

从调查的自评和他评结果综合来看，中小学校长在"领导与责任"该项胜任力上得分都较高，说明云南省中小学校长具备较强的责任心和使命感，具有较强的领导力与团队合作能力。

从校长自评来看，校长在"服务精神""公平公正""领导与责任""决策与创新"方面更加胜任，在"成就导向""专业素养""规划与建设""沟通与协调"方面则相对薄弱。该结果启示我们，后续对校长的培训尤其需要加强其"成就导向""专业素养""规划与建设""沟通与协调"四个方面的培养培训，以促进更好地胜任校长这一岗位。

城市中小学校长胜任力总体水平高于乡镇学校校长。特别在"成就导向""专业素养""沟通与协调""规划与建设"决策与创新"领导与责任"六个胜任特征上，城市中小学校的校长胜任力水平高于乡镇学校的校长胜任力水平。

从胜任力总分来看，任职年限大于10年的校长胜任力水平最高。特别在"沟通与协调""规划与建设""决策与创新""领导与责任"四个胜任特征上高于任职年限10年及以下的校长。

（五）提出了改进提升云南省中小学校长胜任力的对策建议

校长胜任力的提升不是单一方面可以解决的问题，而是以校长专业角色为核心，进行持续改进的系统化工程。针对中小学校长胜任力现状以及新的挑战，基于中小学校长胜任力模型及其应用，可以通过"管理优化赋权""专业持续增能""学校特色文化""社会资源整合"等途径从体制保障、个体内驱力、激励手段和外部支持等方面提升中小学校长胜任力。

二 主要创新性工作

（一）基于实证研究，构建中小学校长胜任力理论模型

本研究采用文献研究的静态分析与实证研究的量化分析相结合的研究方法构建云南省中小学校长胜任力模型。首先，对以往中小学校长胜任力研究中的相关概念进行深入地辨析，全面厘清中小学校长胜任力的主要内涵特征，对中小学校长胜任力要素进行分析研究，提取胜任力要素并进行

概念界定；其次，运用360度反馈法，分析提出中小学校长胜任力假设模型；通过四轮预测试和三轮大样本测试，不断修订量表项目，检验量表的信度和效度，修正构建中小学校长胜任力模型；最后，以上级教体局领导对校长绩效评价为标准，验证胜任力模型，最终构建了由7项一级胜任特征（13项二级胜任特征）构成的中小学校长胜任力理论模型，为新时代基础教育中小学校长专业发展和考核评价提供了理论参考依据。

本研究聚焦"关键胜任特征"，突破以往研究中"校长胜任力模型的检验较多的只是停留在探索性因素分析的检验上"[①]的方法，用验证性因素分析的方法提炼胜任力要素；在分析获得胜任力假设模型18个胜任特征的基础上，运用统计原理，提炼出上位胜任力维度，修正中小学校长胜任力模型。经过多轮修正和验证，建立了由7项一级胜任特征（13项二级胜任特征）构成的中小学校长胜任力理论模型。

（二）大规模、多维度、多阶段的样本调查和检验，突破局限性

针对以往研究中"访谈对象过于单一，不利于搜集全面的数据"[②]"研究样本的选择与容量存在局限"[③]等问题，本研究设计实施了目前国内同类研究中，样本数量最多、调研视角最宽广的实证调查研究。假设模型构建阶段：研究样本量达5750人（运用360度反馈法，调查对象包含分管校长的上级教体局相关人员及中小学校各类人员）；模型修正与构建阶段：共调查了2694名中小学正职校长；模型验证阶段：共调查了184名中小学正职校长；现状调查阶段：调查对象除了2104名中小学正职校长，还对46963名学校其他各类人员进行了调研，且三个阶段的研究对象不重复。被试人口学变量数据，如性别、民族、学历、任职年限、所在学校层次和类型等都具有较好的客观性和广泛的代表性，并且三次大样本测试的人口学分布结构基本一致，特别在民族、学段等指标上接近云南实际情况。同时，被试全面覆盖云南省16个州（市），能全面体现云南省的总体情况。

---

① 林天伦、陈思：《我国中小学校长胜任力研究述评》，《教育科学研究》2012年第6期。
② 林天伦、陈思：《我国中小学校长胜任力研究述评》，《教育科学研究》2012年第6期。
③ 王清平、谢亚萍：《我国中小学校长胜任特征研究述评》，《教育导刊》2019年第6期。

因此，被试样本规模大、结构多元、代表性强，对有效获取数据奠定了客观、科学的基础。

（三）基于该模型，开发测量工具并有效应用

以往有关中小学校长胜任力的研究，对于中小学校长胜任力相关测评量表的开发研究较少，更多止步于胜任力模型的构建，本文开展了中小学校长胜任力的测评量表开发研究，开展了四轮预测试和三轮大样本测试，不断检验量表的信度和效度，严谨、规范地进行数据统计、量化、模型检验。预测试阶段：首先运用专家咨询法检验量表的内容效度，再实施多轮小样本预测试检验量表题目的编写质量。每一次预测试都须测量题目的内部一致性系数（Cronbach's α 系数）以及题目的区分度，根据测量的可接受标准，同时考虑被试的社会赞许性情况，删除或调整、修改题目，然后再进行下一次预测试，直到统计指标达到可接受的标准；同时，每一次预测试的样本都不重复，保证数据的验证性。大样本测试阶段：采用因素分析的方法不断检验量表的结构效度，通过三轮大样本测试，获得相对稳定的结构模型。基于胜任力模型的研究结果，开发了能够有效区分中小学校长胜任力水平的测评量表。在此基础上，采用自评与他评相结合的方式全方位地测量和分析了云南省中小学校长的胜任力现状，然后提出具有针对性和指导性的中小学校长胜任力提升对策和建议。

第二节 研究反思与展望

一 研究反思

（一）可进一步探究中小学校长胜任力模型各维度的指标权重

校长胜任力评价的实践应用中，常常会对各评价指标（胜任力）赋予权重，从而基于各胜任力的权重和校长在各胜任力维度的得分获得校长胜任力综合评价总分，基于总分评价校长胜任力所处的等级。而本书构建了中小学校长胜任力模型，但对于模型中的具体特征项和各维度没有进行权

重的量化,主要受限于本研究对校长胜任力的评价方式。本书主要采用校长自评的方式获取数据,此种评价方式的优点是评价更加方便灵活,也避免了评价者难以全面深入了解受评校长在各胜任特征具体行为表现的问题。不足是实施校长胜任力自评时,评价对象就是评价主体,校长自身难以有效判断各彼此相关、相互影响的胜任力的重要性,难以给出合理有效的胜任力权重,故本书未能将权重因素纳入研究中。因此,未来可以考虑在校长自评胜任力的基础上,进一步增加其他评价主体,由其他评价主体对各胜任力赋予不同权重,并获得综合评价得分,解释校长胜任力时可能会更加符合应用的需要。

(二) 模型中的胜任特征内涵解读与量化数据的定性分析挖掘不够

本研究历时两年多的时间,开展了不同阶段的调研,获取了不同研究阶段、研究对象的各类数据。特别在现状调研阶段,虽然研究重点是从中小学校长自评和他评两个维度测评分析云南省当前的中小学校长胜任力现状,全面揭示中小学校长胜任力总体情况、各胜任特征表现情况,但对量化获得的数据还有待深入分析和阐述。

二 研究展望

(一) 构建的胜任力模型有助于学校人力资源管理取得实效

胜任力模型的构建有助于更好地贯彻落实学校发展战略。以胜任力为核心的能力发展体系是指向提升学校绩效的具有针对性的体系,上级管理者可以从中看到对学校发展起重要作用的校长胜任力有哪些,形成清晰的发展方向,并将每一项胜任力分解为具体的可以培养的行为特征。进而推进学校的发展战略落地,成为学校变革的有效推进器。

胜任力模型的构建有助于增强学校领导层的管理能力,形成结构互补的管理团队,并帮助培育一支极富潜力的后备干部队伍。通过胜任力模型,可以选拔出适合的管理者,并开展对其有针对性的培养培训,从而提高其管理能力。还可以发现各领导者在性格、能力、个性、价值观等方面的差异,从而在领导班子配备上有意识地进行合理搭配,进而打造成一支能力互补、具有异质性的领导班子。①

胜任力模型的构建有助于学校在更大程度上实现人员与学校岗位的匹配，更好地实现人尽其才。利用胜任力模型及恰当的测评手段，可以发现人员与学校岗位的匹配度，从而为合理配置人员提供有价值的参考建议，进而帮助学校更大程度地实现合理的人岗匹配。

胜任力模型的构建有助于优化学校人力资源管理流程。基于胜任力的人力资源管理体系能够弥补传统基于岗位的人力资源管理体系的不足，是对基于岗位人力资源管理体系的传承和升华。它建立一套标杆参照体系，能为学校的工作分析，人员的招聘、培训、激励等提供强有力的依据和标准，从而优化人力资源管理的各个环节，为学校发展提供更好的人力资源支持。

（二）构建的胜任力模型可为中小学校长培训提供理论基础及指导

胜任力模型是一种理论框架，其本身并不能发挥独立作用，只有将胜任力模型融入中小学校长队伍的人力资源管理实践中去，胜任力的价值才能体现。当前我国中小学校长培训缺少针对性和实用性，忽视了校长的主体需要和校长的自身发展。② 本研究以云南为考察对象，开展校长胜任力的大样本调查，通过量化统计分析，建立了云南省的中小学校长胜任力模型，这不仅可以为中小学校长自身胜任力的提升提供标准，还可为构建一个完整的可行的基于胜任力的中小学校长培训体系提供理论基础及指导，再将所构建的云南省中小学校长培训体系用于指导云南省"万名校长培训计划"项目的有效实施。促进校长专业化的持续发展和个人能力的提高。促使我国校长人力资源管理从基于岗位的传统模式向基于胜任力的人力资源管理模式转变，为我国中小学校长胜任力模型研究和实践运用提供参考。

---

① 黄勋敬：《赢在胜任力：基于胜任力的新型人力资源管理体系》，北京邮电大学出版社2007年版，第2—3页。
② 代蕊华：《中小学校长培训变革40年：创新发展模式·彰显中国特色》，《中小学管理》2018年第12期。

(三) 编制的胜任力自评量表能够区分校长和非校长

本研究在中小学校长胜任力模型验证阶段，延伸了部分研究内容，即检验校长胜任力自评量表能否将中小学的正职校长和非校长加以区分？因此最终共抽取了 184 名校长及与其配对的 184 名中层领导，即：如果从某校抽取了正职校长进行调查，则从该校也抽取了一名非正职校长的学校中层领导进行调查，且尽可能做到二者工作年限相当。如果校长和非校长存在得分差异且校长得分更高，则说明校长胜任力问卷能区分校长群体和非校长群体，即校长胜任力自评量表具有区分校长和非校长的测量效度。

由表 8.2 可见，除"公平公正""专业素养""服务精神"维度，校长在其他五个维度得分均显著高于中层领导，在总体胜任力上也高于中层领导。这说明校长胜任力问卷能够将校长和非校长区分开来，校长具有更高的"校长胜任力"。具体而言，"成就导向""沟通与协调""规划与建设""决策与创新""领导与责任"这五项胜任力是正职校长区别于未当上校长的中层领导的胜任力，其中最能将校长和中层领导区分开来的胜任力是"规划与建设"，效应量 d 值达到 0.593，其次为"决策与创新""成就导向"，效应量 d 值分别为 0.386 和 0.351，再次为"领导与责任""沟通与协调"，效应量 d 值分别为 0.282 和 0.265。中小学正职校长和中层领导在"公平公正""专业素养""服务精神"方面胜任力相当。

表 8.2　　　　校长和中层领导在胜任力问卷上的差异比较

维度	正职校长		中层领导		t 值	p 值	d 值
	均值	标准差	均值	标准差			
成就导向	4.341	0.749	4.055	0.875	3.351	0.001	0.351
公平公正	4.534	0.512	4.457	0.586	1.329	0.185	0.140
服务精神	4.481	0.541	4.383	0.563	1.688	0.092	0.178
专业素养	4.388	0.466	4.372	0.563	0.304	0.762	0.031
沟通与协调	4.406	0.453	4.265	0.600	2.525	0.012	0.265

续表

维度	正职校长		中层领导		t值	p值	d值
	均值	标准差	均值	标准差			
规划与建设	4.364	0.504	4.175	0.671	3.047	0.002	0.593
决策与创新	4.465	0.437	4.270	0.566	3.675	<0.001	0.386
领导与责任	4.532	0.429	4.390	0.567	2.695	0.007	0.282
总体胜任力	4.454	0.397	4.292	0.522	3.316	0.001	0.349

（四）需持续完善中小学校长胜任力模型

构建胜任力模型不是一劳永逸的事情，需要不断发展完善。首先，因为胜任力建模技术和资源的有限性，已构建的胜任力模型不可能是最优的；其次，教育理念、教育改革、教育体制的不断变化和更新，也会适时提出不同的要求和目标，学校管理模式也会随之变化，中小学校长胜任力模型必然也需要进行适当调整。构建胜任力模型是一个循环的过程，应在实践中不断优化升级。

附　录

附录 A　中小学校长胜任力调查问卷

指导语：您好！感谢您参加此次问卷调查。本次调查旨在研究云南省中小学校长的胜任力，您的回答对我们的研究非常重要，将直接影响研究结果的准确性和科学性。本调查采用不记名的方式，您的回答无对错之分，仅供统计处理使用，我们将遵循心理学研究的职业道德，对您的回答保密，无须顾虑！非常感谢您的合作！因为问卷不完整会失去研究价值，请您务必不要遗漏任何一项，谢谢您对我们的支持！

本调查分为三部分：

第一部分　调查的背景部分，请根据您的实际情况填写（选择题请在相应选项上打"√"，填空题请直接填写）。

1. 您的性别：
（1）男　　（2）女
2. 您的年龄：＿＿＿岁
3. 您的民族：
（1）汉族　　（2）少数民族：＿＿＿＿＿＿＿
4. 您的学历：
（1）大专以下　　（2）大专　　（3）本科　　（4）硕士　　（5）博士
5. 您所在的地域是：＿＿＿＿＿市（州）＿＿＿＿＿县（区）
6. 请根据您的工作岗位，选择完成相应的题目（二选一）：

您若在教体局工作：

您担任的是：（1）局长　　（2）副局长　　（3）其他

若选择1或2，则做下题：

A. 您担任局领导的年限是：

　　（1）0—4年　　（2）5—10年　　（3）10年以上

若选择3，则做下题：

B. 您的工龄是：

　　（1）0—4年　（2）5—10年　（3）10年以上

（2）您若在中学或小学工作：

　　A. 您所在的学校：

　　　　（1）中学　　（2）小学　　（3）九年一贯制学校

　　　　（4）其他（请注明）

　　B. 您所在的学校类型是：

　　　　（1）公立完全中学　　（2）公立初中　　（3）公立高中

　　　　（4）民办公助　　　　（5）公立小学　　（6）其他

C. 您担任的是：

　　（1）校长　　（2）副校长　　（3）中层领导　　（4）年级组长

　　（5）教研组长　　（6）科任教师　　（7）其他

若选择1或2，则做下题：

　　C1. 您担任校领导的年限是：

　　　　（1）0—4年　　（2）5—10年　　（3）10年以上

若选择3—7，则做下题：

　　C2. 您的工龄是：

　　　　（1）0—4年　（2）5—10年　（3）10年以上

D. 您所在的学校属于：

　　（1）城市学校　　（2）乡镇学校

E. 您所在的学校是否是寄宿制：

　　（1）是　　（2）否

第二部分

下面是我们列出的 34 项素质特征并附有定义描述,您认为哪些是优秀中小学校长最重要的素质(最多只能选择 18 项),并在后面方框内打"√"。

序号	名称	定义描述	
1	成就导向	对成功具有强烈的渴望,给自己和学校设立较高目标,追求事业的发展和卓越	( )
2	主动性	面对学校发展具有前瞻性,提前采取行动、积极发现和创造新的机会	( )
3	战略思考	能够设计学校的发展战略、根据全局进行中长期规划	( )
4	信息寻求	积极主动收集有关信息、对信息定期进行更新和了解	( )
5	挑战性	设立挑战性目标,不怕困难、勇于承担需要付出更多努力才能完成的任务	( )
6	使命感	了解自己肩负的教育使命、具有坚定的信念	( )
7	服务精神	专注于如何满足师生愿望、设身处地为师生着想行事	( )
8	人际敏感	善于观察,并能在较短的时间内洞悉他人的情绪、感觉或想法	( )
9	沟通能力	妥善处理与上级、平级,以及下级的关系,促成相互理解,获得支持与配合的能力	( )
10	组织洞察	了解所在组织或其他组织内部正式和非正式权力关系的能力	( )
11	关系建立	与有助于完成工作目标的人,建立良好的关系或关系网络	( )

12	影响力	为了使他人赞成或支持自己的态度、观点或行为，采取说服、示范等方法使他人信服、赞同的能力	( )
13	资源开发与利用	充分挖掘、利用各种有关资源和条件进行学校管理和发展	( )
14	培养他人	主动提供发展的机会或采取行动培养教职工等	( )
15	职权运用	能有效利用职权、下达有力的命令推动工作进展	( )
16	领导力	表现出领导他人的愿望，具有较强的号召力，运用个人影响力实现学校发展目标	( )
17	团队合作	为达到团队既定目标而自愿与他人合作和一起协同努力	( )
18	队伍建设	采取多种措施提高和加强全体教职工专业素养	( )
19	组织协调	采取有效的方法促进学校内各组织间的沟通协调	( )
20	公平公正	处理问题时公平、公正，令人信服	( )
21	问题分析	分清主次，将复杂问题、难点问题分解具体化，再分步解决	( )
22	专业素养	精通、钻研与自身工作岗位相关的专业知识、方法等	( )
23	自我提高	具有终身学习的理念，在工作中不断抓住机会学习	( )
24	反思力	对自己的决策、行为、结果进行认真的自我审视和评价	( )
25	决策力	能对多个可行方案做分析和判断、做出果断决定	( )

26	创新性	工作中不断研究新问题、提出新方案、创造新方法	（　）
27	自我控制	能在压力环境下保持冷静、避免冲动	（　）
28	自　信	相信自己有能力或采用某种有效手段完成某项任务、解决某个问题的信念	（　）
29	宽　容	允许别人有行动和判断的自由、接纳他人的差异性	（　）
30	灵活性	较快适应变化的环境、并能主动有效工作	（　）
31	责任心	充分认识到自己工作对学校发展的重要性，把实现学校发展目标当成是自己的目标	（　）
32	意志力	遇到困难时不放弃、坚定不移地完成既定目标	（　）
33	诚实正直	遵守学校制度规定和社会道德规范，遵守诺言并正确对待自己和他人	（　）
34	关注细节	在考虑全局时具备把握关键细节的能力	（　）

第三部分

如果您认为还有什么上面没有提及，从云南省独特的人文、教育环境来看，您认为在云南担任一名优秀的中小学校长，还需要具备哪些素质？

1. _____
2. _____
3. _____
4. _____

附录 B 中小学校长胜任力调查量表

指导语：尊敬的校长，您好！感谢您参加此次问卷调查。本次调查旨在研究云南省中小学校长的胜任力，您的回答对我们的研究非常重要，将直接影响研究结果的准确性和科学性。本调查采用不记名的方式，您的回答无对错之分，仅供统计处理使用，我们将遵循心理学研究的职业道德，对您的回答保密，无须顾虑！非常感谢您的合作！因为问卷不完整会失去研究价值，请您务必不要遗漏任何一项，谢谢您对我们的支持！

本调查分为三部分：

第一部分 调查的背景部分，请根据您的实际情况填写（选择题请在相应选项上打"√"，填空题请直接填写）。

1. 您的性别：
(1) 男　　(2) 女
2. 您的年龄：＿＿岁
3. 您的民族：
(1) 汉族　　(2) 少数民族
4. 您的学历：
(1) 大专以下　　(2) 大专　　(3) 本科　　(4) 硕士　　(5) 博士
5. 您所在的地域是：＿＿市（州）［填入市或州的名称即可］
6. 您所在的学校：
(1) 小学　　(2) 初中　　(3) 高中　　(4) 完中（初中和高中都有）

（5）九年一贯制学校　　（6）其他（请注明）＿＿＿

7. 您担任的是：

（1）正职校长　　（2）其他（请注明）＿＿＿

8. 您担任校长的年限是：

（1）0—4年　　（2）5—10年　　（3）10年以上

9. 您所在的学校属于：（1）城市学校　　（2）乡镇学校

第二部分　本研究的主体部分，希望能够了解基层领导的真实工作状况作为科学研究的依据。请您仔细阅读下列各项行为描述条目，结合自己的实际状况在合适的选项上打"√"。

1. 我会主动承担本职工作中的责任问题，并及时主动地采取补救预防措施。

○完全不符合　　○比较不符合　　○不确定　　○比较符合
○完全符合

2. 我会把个人的价值观、使命感融入学校的建设中，采取具体措施落实。

○完全不符合　　○比较不符合　　○不确定　　○比较符合
○完全符合

3. 我在没有任何压力的情况下，总是为工作设立挑战性目标，并努力达到预期目标。

○完全不符合　　○比较不符合　　○不确定　　○比较符合
○完全符合

……

第三部分（单选题）

请您仔细阅读下列各项行为描述条目，结合自己的实际状况进行选择即可（选项前画"√"）。

1. 我的第一印象往往被证明是正确的。

○完全不同意　　○不同意　　○不太同意　　○不确定
○比较同意　　　○同意　　　○非常同意

2. 对我来说，要改变任何不良习惯都很难。

○完全不同意　　○不同意　　○不太同意　　○不确定
○比较同意　　　○同意　　　○非常同意

3. 我无意去知道别人到底对我有什么看法。

○完全不同意　　○不同意　　○不太同意　　○不确定
○比较同意　　　○同意　　　○非常同意

……

附录 C　中小学校长工作状况调查问卷

指导语：尊敬的校长，您好！非常感谢您在百忙之中抽时间完成这份问卷。问卷旨在调查您的工作现状，您的回答对我们的研究非常重要，将直接影响研究结果的准确性和科学性，请您认真作答。本调查采用不记名的方式，您的回答无对错之分，仅供统计处理使用，您提供的信息我们将严格保密，无须顾虑！非常感谢您的合作与支持！

本调查分为三部分：

第一部分（单选题）

本研究的主体部分，希望能够了解您的真实工作状况作为科学研究的依据。请您仔细阅读下列各项行为描述条目，结合自己的实际状况进行选择（选项前划"√"）。

1. 我对于自己的学科专业知识有较好的领悟力，并形成了一定系统化的成果。
2. 我鼓励教师多角度思考，鼓励教师的新想法。
3. 我能做到领导与普通教职工同工同酬、同奖同罚。

……

第二部分（单选题）

请您仔细阅读下列各项行为描述条目，结合自己的实际状况进行选择即可（选项前划"√"）。

1. 我的第一印象往往被证明是正确的。
○完全不同意　　○不同意　　○不太同意　　○不确定
○比较同意　　○同意　　○非常同意

……

第三部分

调查的基本信息部分，请根据您的实际情况选择或填写。

1. 您的性别：
○男　　○女

2. 您的民族：
○汉族　　○少数民族

3. 您的学历：
○大专以下　　○大专　　○本科　　○硕士　　○博士

4. 您所在的地域是：_____市（州）[填入市或州的名称即可]

5. 您所在的学校：
○小学　　○初中　　○高中　　○完中（初中和高中都有）
○九年一贯制学校　　○十二年一贯制学校　　○其他（请注明）____

6. 您担任的是：
○正职校长　　○其他（请注明）_____

7. 您担任校长的年限是：
○0—4年　　○5—10年　　○10年以上

8. 您所在的学校属于：
○城市学校　　○乡镇学校

附录 D 中小学校长评价表

尊敬的领导，您好！非常感谢您在百忙之中抽时间完成这份评价表。请您如实评价校长以下的工作情况，评价结果对我们的研究非常重要，将直接影响研究结果的准确性和科学性！本调查采用不记名的方式，您的回答无对错之分，仅供统计处理使用，您提供的信息我们将严格保密，无须顾虑！非常感谢您的合作与支持！

请您根据表中各位校长在工作中的实际表现，对表中所列的项目给予评价。

各项目请给出分数，评分标准为：优秀（9—10 分）；良好（7—8 分）；合格（5—6 分）；不合格（3—4 分）。

维度 学校名称	规划学校发展（满分10分）	营造育人文化（满分10分）	领导课程教学（满分10分）	引领教师成长（满分10分）	优化内部管理（满分10分）	调适外部环境（满分10分）	总分（满分60分）
……							

附录 E　中小学校长胜任力自评量表

指导语：尊敬的校长，您好！非常感谢您在百忙之中抽时间完成这份问卷。问卷旨在调查中小学校长的工作现状，您的回答对我们的研究非常重要，将直接影响研究结果的准确性和科学性，请您认真作答。本调查采用不记名的方式，您的回答无对错之分，仅供统计处理使用，您提供的信息我们将严格保密，无须顾虑！非常感谢您的合作与支持！

本调查分为三部分：

第一部分

本研究的主体部分，希望能够了解基层领导的真实工作状况作为科学研究的依据。请您仔细阅读下列各项行为描述条目，结合自己的实际状况进行选择。

1. 我把教职员工的个人发展目标纳入学校的发展目标之中，充分调动每个人的积极性。
   ○完全不符合　　○比较不符合　　○不确定
   ○比较符合　　○完全符合

2. 我时常监督允诺师生的事情是否已落实或执行。
   ○完全不符合　　○比较不符合　　○不确定
   ○比较符合　　○完全符合

3. 我鼓励教师多角度思考，鼓励教师的新想法。

○完全不符合　　○比较不符合　　○不确定
○比较符合　　　○完全符合
……

第二部分（单选题）

请您仔细阅读下列各项行为描述条目，结合自己的实际状况进行选择即可（选项前画"√"）。

1. 我的第一印象往往被证明是正确的。
○完全不同意　○不同意　○不太同意　○不确定
○比较同意　　○同意　　○非常同意
……

第三部分

调查的基本信息部分，请根据您的实际情况选择或填写。

1. 您的性别：
○男　　○女

2. 您的民族：
○汉族　　○少数民族

3. 您的学历：
○大专以下　　○大专　　○本科　　○硕士　　○博士及以上

4. 您所在的地域是：_____州（市）[填入市或州的名称即可]

5. 您所在的学校：
○小学　　○初中　　○高中　　○完中（初中和高中都有）
○九年一贯制学校　　○其他（请注明）_____

6. 您担任的是：
○正职校长　　○其他（请注明）_____

7. 您担任校长的年限是
○0—4 年　　○5—10 年　　○10 年以上

8. 您是否还承担课程教学工作：

○是　　○否

9. 所教学科：_____

10. 您所在的学校属于：

○城市学校　　○乡镇学校

附录 F　中小学校长胜任力现状调查问卷

指导语：您好！感谢您参加此次问卷调查。本次调查旨在研究云南省中小学校长的胜任力，您的回答对我们的研究非常重要，将直接影响研究结果的准确性和科学性。本调查采用不记名的方式，您的回答无对错之分，仅供统计处理使用，我们将遵循心理学研究的职业道德，对您的回答保密，无须顾虑！非常感谢您的合作！

本调查分为两部分：

第一部分　调查的背景部分，请根据您的实际情况填写。

1. 您的性别：
○男　　○女
2. 您的年龄：＿＿岁
3. 您的民族：
○汉族　　○少数民族
4. 您的学历：
○大专以下　　○大专　　○本科　　○硕士　　○博士及以上
5. 您所在的地域是：＿＿＿＿＿＿＿＿＿＿州（市）［填入市或州的名称即可］
6. 您所在的学校：
○小学　　○初中　　○高中　　○完中（初中和高中都有）
○九年一贯制学校

○其他（请注明）_____

7. 您担任的是：

○中层领导　　○年级组长　　○教研组长　　○科任教师

○其他（请注明）_____

8. 您的工龄是：

○0—4 年　　○5—10 年　　○10 年以上

9. 您所在的学校属于：

○城市学校　　○乡镇学校

第二部分　本研究的主体部分。请对您所在学校的正职校长的胜任特征做出客观真实的评价。以下已给出每个胜任特征的定义，请就您校校长在该胜任特征的表现程度给出具体分值，每项以 10 分制计分，1 分为最低分，10 分为最高分，分数越高代表正职校长在该胜任特征上越胜任。

1. 成就导向：对成功具有强烈的渴望，给自己和学校设立较高目标，追求事业的发展和卓越。

○不胜任　○2　○3　○4　○5　○6　○7　○8

○9　○胜任

2. 主动性：面对学校发展具有前瞻性，提前采取行动、积极发现和创造新的机会。

○不胜任　○2　○3　○4　○5　○6　○7　○8

○9　○胜任

3. 战略思考：能够设计学校的发展战略、根据全局进行中长期规划。

○不胜任　○2　○3　○4　○5　○6　○7　○8

○9　○胜任

……

参考文献

一 中文著作

北森人才管理研究院：《360度评估反馈法：人才管理的关键技术》，中国经济出版社2013年版。

曹宝龙：《学习与迁移》，浙江大学出版社2009年版。

曹振杰主编：《人力资源培训与开发教程》，人民邮电出版社2006年版。

陈丽等：《校长培训需求与课程设计研究》，北京出版社2006年版。

陈万思：《知识员工胜任力：理论与实践》，上海财经大学出版社2007年版。

程振响主编：《新时期怎样当好校长：100位优秀校长管理心得》，江苏人民出版社2010年版。

褚宏启、杨海燕等：《走向校长专业化》，上海教育出版社2009年版。

褚宏启主编：《中国教育管理评论》第6卷，教育科学出版社2011年版。

龚孝华、吴开华、贾汇亮编著：《校长专业发展与能力建设研究》，中国轻工业出版社2008年版。

龚孝华、于慧、谈心主编：《校长六大专业能力的案例研究》，中国轻工业出版社2014年版。

谷向东：《党政领导干部胜任力技术与应用》，中国发展出版社2013年版。

郭景扬主编：《中小学校长管理与培训》，天津古籍出版社2001年版。

贺小莉、郭景扬编著：《名校长角色定位与素质要求》，学林出版社2009年版。

胡蓓、张文辉主编：《职业胜任力测评》，华中科技大学出版社 2012 年版。

胡月星等：《领导胜任力》，电子工业出版社 2007 年版。

黄勋敬：《赢在胜任力：基于胜任力的新型人力资源管理体系》，北京邮电大学出版社 2007 年版。

李德方：《做一个胜任的校长：高职院校校长胜任力研究》，知识产权出版社 2015 年版。

林立杰：《高校教师胜任力研究与应用》，中国物资出版社 2010 年版。

刘维良：《校长胜任力研究与应用》，重庆大学出版社 2014 年版。

刘泽文等：《胜任力建模：人才选拔与考核实例分析》，科学出版社 2009 年版。

吕蕾：《中小学校长培训专业化研究》，北京师范大学出版社 2010 年版。

罗双平编著：《从岗位胜任到绩效卓越：能力模型建立操作实务》，机械工业出版社 2005 年版。

马欣川等编著：《人才测评：基于胜任力的探索》，北京邮电大学出版社 2008 年版。

牛端：《高校教师胜任特征模型研究》，中山大学出版社 2009 年版。

钱立青：《中小学校长培训与专业化发展》，武汉大学出版社 2017 年版。

石学云：《特殊教育教师胜任力研究：实践卷》，教育科学出版社 2012 年版。

汪向东等编：《心理卫生评定量表手册》（增订版），中国心理卫生杂志社 1999 年版。

王继承编著：《人事测评技术：建立人力资产采购的质检体系》，广东经济出版社 2001 年版。

王继承：《谁能胜任——胜任模型及使用》，中国财政经济出版社 2004 年版。

王世忠：《校长专业发展与培训》，湖北人民出版社 2007 年版。

王铁军主编：《名校长名教师成功与发展》，江苏人民出版社 2005 年版。

王文新：《领导选任》，研究出版社 2017 年版。

王晓东编著：《计算机算法设计与分析》，电子工业出版社2001年版。

魏志春、高耀明：《中小学校长专业标准研究》，北京大学出版社2010年版。

吴恒山：《学校领导者成功之道》，天津教育出版社2004年版。

吴志宏、王俭主编：《感悟·收获·成长：中学校长谈教育部中学校长培训中心20年》，华东师范大学出版社2009年版。

吴志宏主编：《学校管理理论与实践》，北京师范大学出版社2002年版。

肖远军、李春玲：《中小学校长培训机制研究》，浙江大学出版社2011年版。

殷爱荪、周川主编：《校长与教育家》，福建教育出版社2004年版。

张育新：《"人事合一"与"胜任力管理"：来自实践的新理念、新方法》，企业管理出版社2017年版。

张仲超编著：《胜任才是硬道理》，天津科学技术出版社2010年版。

郑玉莲：《理论透视：中学校长培训过程建构的质性研究》，科学出版社2016年版。

钟祖荣：《校长教师专业发展与培训研究》，高等教育出版社2016年版。

周凤珍、彭勇主编：《信息运维人员胜任力模型研究》，四川大学出版社2012年版。

朱小蔓：《教育的问题与挑战：思想的回应》，南京师范大学出版社2000年版。

朱旭东、宋萑等：《新时代中国教师队伍建设的顶层设计》，北京师范大学出版社2018年版。

二　中译著作

[美] 爱尔文·戈尔茨坦、凯文·伏特：《组织中的培训》（第4版），常玉轩译，清华大学出版社2002年版。

[美] 彼得·德鲁克：《卓有成效的管理者》，许是祥译，机械工业出版社2009年版。

［美］戴维·D.杜波依斯等：《基于胜任力的人力资源管理》，于广涛等译，中国人民大学出版社 2006 年版。

［美］弗瑞德·C.伦恩伯格、阿兰·C.奥斯坦：《教育管理学：理论与实践》，孙志军等译，中国轻工业出版社 2003 年版。

［美］莱尔·史班瑟等：《才能评鉴法：建立卓越的绩效模式》，魏梅金译，汕头大学出版社 2003 年版。

［美］唐纳德·L.柯克帕特里克、詹姆斯·D.柯克帕特里克：《如何做好培训评估：柯氏四级评估法》（原书第 3 版），奚卫华、林祝君等译，机械工业出版社 2007 年版。

［美］韦罗尼卡·博伊克斯·曼西利亚、安东尼·杰克逊：《全球胜任力：融入世界的技能》，赵中建、王政吉、吴敏译，华东师范大学出版社 2020 年版。

三 外文著作

Boyatzis R. E., *The Competent Manager: A Model for Effective Performance*, New York: John Wiley and Sons, 1982.

Byham W. C. & Moyer R. P., *Using Competencies to Build A Successful Organization*, Development Dimensions International Inc., 1996.

Derek E., *Competences for School managers*, London: Kogan Page, 1993.

Fletcher. S. NVQs, *Standards and Competence: A Practice Guide for Employers Management and Trainers*, London: Kogan, 1992.

Gasse, Y., *Entrepreneurial-Managerial Competencies and Practices of SMEs*, Canada: Center for Entrepreneurship and SME, 1997.

Hunt, L. M., *Cabin Crew Competencies: A Needs Assessment*, Christchurch: New Zealand Institute for Transport, 1998.

John MacBeath, *Effective School Leadership: Responding to Change*, Gateshead: Athenaeum Press, 1998.

Nordhaug. O., Competence Specificities in Organizations, Int. Studies of Mgt. &

Org，1998（28）．

Spencer L. M.，McClelland D. C.，Spencer S. M.，*Competency Assessment Methods：History and State of the Art*，Boston：Hay-McBer Research Press，1994.

Spencer L. M. & Spencer. S. M.，*Competence at Work：Models for Superior Performance*，New York：John Wiley & Sons，Inc.，1993.

四 中文论文

安晓敏、任晓玲：《英国 NEAC 中小学校长胜任力研究及对我国的启示》，《外国中小学教育》2015 年第 1 期。

曹淑君：《中小学校长胜任力及其提升策略》，《辽宁教育研究》2008 年第 10 期。

陈晨明：《基于岗位胜任能力的中小学校长培训课程体系构建与实施路径的研究》，《高教论坛》2016 年第 6 期。

陈艳：《中小学校长胜任力研究——以苏北中小学校长为例》，《教育学术月刊》2010 年第 3 期。

陈禹、龚玲：《农村中小学校长培训课程建设的策略——以吉林省为例》，《东北师大学报》（哲学社会科学版）2013 年第 1 期。

程凤春：《学校管理者胜任力研究及其成果应用》，《比较教育研究》2004 年第 3 期。

程振响：《浅谈中小学校长培训发展战略与策略》，《江苏教育学院学报》（社会科学版）1998 年第 2 期。

褚宏启：《教育发展方式转变与校长培训改革》，《中小学管理》2011 年第 11 期。

褚宏启、吕蕾、刘景：《中小学校长培训机构建设与培训制度改革》，《中国教育学刊》2009 年第 12 期。

褚宏启：《中小学校长培训课程的改革路径》，《教师教育研究》2009 年第 6 期。

代蕊华:《中小学校长培训变革 40 年:创新发展模式·彰显中国特色》,《中小学管理》2018 年第 12 期。

戴向平:《乡村终身学习资源整合的现实基础、价值意蕴及其实现路径》,《成人教育》2022 年第 8 期。

戴瑜:《胜任力取向的校长专业标准研究》,《教育研究与实验》2008 年第 3 期。

戴瑜:《英美校长胜任力研究综述》,《外国中小学教育》2008 年第 6 期。

范国睿:《基于教育管办评分离的中小学依法自主办学的体制机制改革探索》,《教育研究》2017 年第 4 期。

方中雄、陈丽:《关于中小学校长培训专业化的思考》,《中小学教师培训》2009 年第 3 期。

冯江平、李丽娜、李昌庆、张晓燕:《中学校长胜任特征模型研究》,《教育研究与实验》2011 年第 1 期。

高嵩:《基于专业标准的中小学校长胜任力评价研究》,《中国校外教育》2017 年第 1 期。

龚孝华:《走向个性化的校长培训——基于校长专业发展的自我更新取向》,《中国教育学刊》2007 年第 10 期。

关松林:《发达国家中小学校长培训的经验及其借鉴》,《教育研究》2017 年第 12 期。

贺乐凡:《关于中小学校长的岗位职务培训》,《中小学管理》1987 年第 2 期。

胡青、相青:《情绪智力与中小学校长胜任力的关系:自我效能感的调节作用》,《科教文汇》2020 年第 11 期。

黄全明:《论当前校长培训的价值取向问题》,《宁波教育学院学报》2006 年第 6 期。

黄全明:《论"学习共同体"在校长培训中的价值》,《中小学教师培训》2006 年第 11 期。

黄勋敬、李光远、张敏强:《商业银行行长胜任力模型研究》,《金融论坛》

2007 年第 7 期。

贾建锋、王海铮、赵若男：《创新创业教师胜任特征的要素提取与模型构建》，《武汉理工大学学报》（信息与管理工程版）2021 年第 3 期。

缴润凯、刘立立：《高层次园长培训如何实现精准发力——优秀园长素质特征模型研发与测评》，《教育研究》2022 年第 4 期。

晋文媛：《英国部分校长培训项目述要》，《教育科学研究》2009 年第 2 期。

康万栋：《中小学名校长培训的价值取向与培训模式研究》，《天津师范大学学报》（基础教育版）2009 年第 2 期。

李春山：《当前中小学校长培训工作科学研究的主要课题》，《中小学管理》2006 年第 3 期。

李更生、鲁林岳：《走进教育现场：基于教育现象学的校长培训范式的转型》，《教育研究》2012 年第 12 期。

李敏：《专业标准指引下的中小学校长胜任力培训》，《全球教育展望》2013 年第 9 期。

李晔、李哲、鲁铱等：《基于长期绩效的中小学教师胜任力模型》，《教育研究与实验》2016 年第 2 期。

林天伦、陈思：《我国中小学校长胜任力研究述评》，《教育科学研究》2012 年第 6 期。

林天伦、陈思：《中小学校长胜任力结构要素及其解读》，《教育科学研究》2013 年第 4 期。

林天伦、刘志华、张爱林：《中小学校长胜任水平、影响因素及提升策略》，《教育科学研究》2014 年第 1 期。

刘维良：《基于胜任力模型的中小学校长的基准模式和卓越模式研究》，《北京教育学院学报》2012 年第 1 期。

刘维良：《胜任力模型：校长研究的新方法》，《中小学管理》2007 年第 12 期。

刘维良、赵亚男、钟祖荣：《北京市中学校长胜任力模型研究》，《中小学管理》2007 年第 12 期。

刘维良、赵亚男、钟祖荣：《中学校长胜任力模型初步研究》，《当代教育论坛》（校长教育研究）2008 年第 2 期。

刘献君、陈玲：《学校特色文化建设的路径探究》，《中国高教研究》2021 年第 3 期。

刘晓瑜、黎光明、陈平、张敏强：《小学校长胜任特征维度探索》《上海教育科研》2008 年第 2 期。

刘晓瑜、黎光明、张敏强、窦丽霞：《城乡小学校长胜任特征初探》，《中小学管理》2008 年第 12 期。

刘毓：《中小学校长培训理论研究现状及对策》，《中小学教师培训》2000 年第 5 期。

卢继青：《乡镇成人学校开展企业职工培训的赋权增能研究》，《河北大学成人教育学院学报》2017 年第 2 期。

卢乃桂、陈霜叶、郑玉莲：《中国校长培训政策的延续与变革（1989—2009）》，《清华大学教育研究》2010 年第 5 期。

苗青、王重鸣：《基于企业竞争力的企业家胜任力模型》，《中国地质大学学报》（社会科学版）2003 年第 3 期。

牛振海、何志磊、曹运华：《中学校长胜任特征模型构建》，《成人教育》2012 年第 6 期。

彭泽平等：《当前国外对中学校长的素质要求》，《外国中小学教育》2003 年第 4 期。

浦丽娟、郑勤红、马韦伟、张静：《中小学校长胜任力模型学术论文的计量学分析研究》，《云南师范大学学报》（自然科学版）2020 年第 3 期。

时勘、王继承、李超平：《企业高层管理者胜任特征模型评价的研究》，《心理学报》2002 年第 3 期。

舒川、吴曲：《赋权增能：我国学龄前残疾儿童运动康复发展路径》，《哈尔滨体育学院学报》2020 年第 2 期。

宋亚莉：《基于胜任力模型的小学校长培训策略研究》，《教育界（基础教育)》2018年第3期。

苏贵民、林克松：《试论校长培训课程的设计理念》，《基础教育研究》2010年第6期。

滕飞、赵琼：《论建构以人为本的校长培训课程体系》，《成人教育》2006年第1期。

田汉族、孟繁华、傅树京：《校长个性化培训：从理论到实践的创新探索》，《教育科学研究》2012年第12期。

王北生、任青华：《"国培计划"教师培训模式的优化及创新》，《中国教育学刊》2014年第9期。

王倩：《中小学校长培训课程设计初探》，《高等继续教育学报》2014年第5期。

王琴：《职业院校"双师型"教师胜任力结构探析》，《教师教育研究》2022年第2期。

王清平、谢亚萍：《我国中小学校长胜任特征研究述评》，《教育导刊》2019年第6期。

王帅：《积极领导范式下的中小学校长胜任力培养》，《中小学教师培训》2019年第7期。

王帅：《中学名校校长胜任特征研究》，《教育学术月刊》2017年第7期。

王双玲：《基于冰山模型的教育家校长培训研究》，《高等继续教育学报》2017年第4期。

王铁军：《校长职业化的系统整体观》，《江苏教育学院学报》（社会科学版）2003年第3期。

王小为：《以问题为中心的中小学校长培训课程研究》，《中小学教师培训》2016年第9期。

王英、谭琳：《赋权增能：中国老年教育的发展与反思》，《人口学刊》2011年第1期。

韦昌勇：《知识观、学习论与校长成长——论中小学校长培训的有效性》，《山东师范大学学报》（人文社会科学版）2004年第1期。

魏龙渝、蔡其勇：《中小学校长培训课程设计》，《课程·教材·教法》2011年第9期。

翁琳、赵秀丽、马早明：《中小学校长核心素养模型建构及量表编制》，《教育理论与实践》2022年第11期。

夏芳：《论中小学校长培训评估的"柯氏模型"》，《教育科学》2012年第1期。

谢彩春：《中小学教师教学胜任力模型构建研究》，《当代教育论坛》2016年第5期。

徐建平、张厚粲：《中小学教师胜任力模型：一项行为事件访谈研究》，《教育研究》2006年第1期。

徐悦、孔瑜、田晓明：《综合性大学学院院长胜任特征模型》，《人类工效学》2018年第4期。

杨朝晖：《刍议以UDS合作促进学校教师专业发展》，《现代基础教育研究》2014年第1期。

杨国顺：《对上海中小学校长专业化问题的思考》，《中小学管理》2004年第2期。

杨丽君、陈波：《基于Moodle学习平台的中小学校长培训新模式初探》，《电化教育研究》2008年第10期。

杨晓英、冉崇礼：《"六环六式"中小学校长培训模式的构建》，《现代中小学教育》2015年第12期。

杨云安、青觉：《创新民族团结教育方式研究——基于社会主义核心价值观建构视角》，《黑龙江民族丛刊》2015年第4期。

叶宝娟、郑清、董圣鸿、刘林林、方小婷、曹灿兮：《胜任力对农村小学校长工作满意度的影响：领导效能与职业认同的中介作用》，《心理发展与教育》2017年第3期。

叶剑强、米帅帅、毕华林：《新时代理科教师胜任力模型构建与内涵解析》，《教师教育研究》2022年第1期。

袁昌进：《论校长培训价值新取向：实践性取向》，《吉林省教育学院学报》

2011 年第 11 期。

岳龙、黄德平：《隐性知识显性化：中小学校长培训新模式的探索与反思》，《全球教育展望》2003 年第 9 期。

张东娇、胡松林：《英、美中小学校长胜任特征模型对中国校长管理制度的启示》，《比较教育研究》2006 年第 4 期。

张东娇：《基于胜任特征的校长遴选与培训体系》，《教育研究》2007 年第 1 期。

赵德成、宋洪鹏、苏瑞红：《义务教育学校校长教学领导力胜任特征模型的构建》，《教育研究》2014 年第 8 期。

赵迎：《高校青年教师领导力模型构建研究》，《教育发展研究》2021 年第 1 期。

赵忠君、邱宇涵、张伟伟：《高校思政辅导员胜任力构成要素分析》，《黑龙江高教研究》2021 年第 9 期。

赵忠友：《苏格兰中小学校长的胜任标准对我们的启示》，《辽宁教育行政学院学报》2006 年第 7 期。

郑勤红、浦丽娟：《基于元分析的中小学校长胜任力模型研究》，《宁波大学学报》（教育科学版）2022 年第 6 期。

郑勤红、浦丽娟、张静、马韦伟：《基于文献挖掘的中小学校长胜任力结构要素分析与述评》，《云南师范大学学报》（自然科学版）2022 年第 1 期。

周在人：《中外中小学校长素质比较研究》，《中小学教师培训》1999 年第 3 期。

朱广清：《基于胜任力的中小学校长培训策略》，《中小学教师培训》2010 年第 5 期。

五 学位论文

曹志峰：《高校教师胜任力与工作绩效关系研究》，博士学位论文，南京大学，2018 年。

陈岩松：《基于胜任力的高校辅导员绩效评价研究》，博士学位论文，南京航空航天大学，2011年。

陈燕明：《基于胜任力理论的高中校长培训体系研究》，硕士学位论文，广州大学，2018年。

程明喜：《改革开放以来我国中小学教师培训课程价值取向研究》，博士学位论文，东北师范大学，2019年。

戴国斌：《管理者战略胜任素质理论模型与实证研究》，博士学位论文，中南大学，2010年。

戴瑜：《中小学校长胜任力研究——以宁波为例》，博士学位论文，华东师范大学，2008年。

管春峰：《煤炭企业高层管理者的胜任特征模型研究》，博士学位论文，中国矿业大学，2014年。

郭晓琳：《治理视野下的校长胜任力研究》，博士学位论文，华东师范大学，2020年。

胡标：《县域及以下中小学校长工作胜任特征研究》，硕士学位论文，华中科技大学，2011年。

黄性辉：《烟台市牟平区小学校长胜任力提升策略研究》，硕士学位论文，大连海事大学，2018年。

蓝晓霞：《广西少数民族地区中学校长胜任力模型研究》，硕士学位论文，广西大学，2008年。

李德方：《高职院校校长胜任力研究》，博士学位论文，南京大学，2014年。

李丽娜：《中学校长胜任特征实证研究》，硕士学位论文，云南师范大学，2006年。

刘晶玉：《研究型大学校长胜任力模型研究》，博士学位论文，东北大学，2011年。

刘兴凤：《基于胜任力的高校工科教师绩效评价研究》，博士学位论文，武汉理工大学，2016年。

陆晓光：《公共管理者胜任特征模型构建与应用研究》，博士学位论文，北京理工大学，2016 年。

马萌：《面向教师需求的教师及时培训模式研究》，博士学位论文，东北师范大学，2011 年。

任锋：《小学校长胜任力现状调查研究》，硕士学位论文，聊城大学，2019 年。

孙远路：《西南民族地区中学教师工作胜任力主要构成因素研究》，博士学位论文，西南大学，2011 年。

谭丽娟：《基于胜任力的中小学校长岗位培训体系研究》，硕士学位论文，广西师范学院，2011 年。

唐京：《基于胜任力的培训需求分析模式研究》，博士学位论文，浙江大学，2001 年。

王芳：《中小学校长胜任力模型及其与绩效的关系研究》，博士学位论文，南京师范大学，2008 年。

王秀玲：《普通小学正职校长胜任力研究》，博士学位论文，北京师范大学，2007 年。

吴春薇：《初中音乐教师胜任力研究》，博士学位论文，东北师范大学，2019 年。

吴鑫磊：《共享领导胜任力构念、影响因素及作用机制研究》，博士学位论文，上海交通大学，2018 年。

徐建平：《教师胜任力模型与测评研究》，博士学位论文，北京师范大学，2004 年。

姚霞：《我国中小学校长培训模式研究》，硕士学位论文，华东师范大学，2003 年。

殷蕾：《高职院校教师培训效果的评估研究》，博士学位论文，北京科技大学，2019 年。

张爱华：《普通中小学正职校长核心胜任特征模型构建及测评工具开发——基于北京市东城区的开发实践》，硕士学位论文，北京师范大学，

2008年。

张明志:《基于团队角色理论的高校辅导员胜任力提升研究》,博士学位论文,西南大学,2016年。

赵海涛:《基于问题的校长培训模式研究》,硕士学位论文,华东师范大学,2005年。

赵利娟:《中小学校长胜任特征的行为事件访谈研究》,硕士学位论文,华东师范大学,2007年。

赵曾臻:《西南民族地区基层党政干部胜任特征实证研究》,博士学位论文,中共中央党校,2019年。

郑玉莲:《基于学校改进的中小学校长培训模式研究》,硕士学位论文,华东师范大学,2009年。

周拓:《基于柯氏评价模型的中小学教师培训评价体系构建》,硕士学位论文,河北师范大学,2014年。

六 外文论文

Ashley Oleszewski, Alan Shoho, Bruce Barnett, "The Development of Assistant Principals: A Literature Review", *Journal of Educational Administration*, Vol. 50, No. 3, 2012.

Boyatizis, R. E., "Rendering into Competence the Things That are Competent", *American Psychologist*, Vol. 49, No. 1, 1994.

David Gurr, Lawrie Drysdale, "Middle-level Secondary School Leaders: Potential; Constraints and Implications for Leadership Preparation and Development", *Journal of Educational Administration*, Vol. 51, No. 1, 2013.

David Ng Foo Seong, Jeanne Marie Ho, "How Leadership for an ICT Reform is Distributed within a School", *International Journal of Educational Management*, Vol. 26, No. 6, 2012.

Dulewicz V. and Herbert, P., J. A., "Predicting Advancement to Senior Management from Competencies and Personality Data: A Seven-year, Follow-up

Study", *British Journal of Management*, Vol. 10, No. 1, March 1999.

Durkan, P., Harrison, R., Lindsay, P., & Thompson, E., "Competence and Executive Education and Development in an SME-environment", *Irish Business Administration Research*, Vol. 14, No. 1, January 1993.

Evert Welch W., "Managements Role in Inventory Control", *Production & Inventory Management Journal*, Vol. 20, No. 4, 1979.

Fidler, B., "School Leadership: Some Key Ideas", *School Leadership and Management*, No. 1, 1997.

Guglielmino, L. M., "Development of the Self-Directed Learning Readiness Scale", *Dissertation Abstracts International Section A: Humanities and Social Sciences*, Vol. 38, No. 11 – A, November 1978.

Hackey, C. E., "Three Models for Portfolio Evaluation of Principals", *School Administratitor*, Vol. 56, No. 5, 1999.

Hoda A. J., Mohammadreza A., Behooz M., et al., "System of Educational and Qualification-based Management: A Meta-analysis about Management Models on the Basis of Competency", *Procedia-Social and Behavioral Sciences*, Vol. 46, 2012.

Jay A. Conger, Douglas A. Ready, "Rethinking Leadership Competencies", *Leader to Leader*, Vol. 32, No. 1, March 2004.

Katz, R. L., "Skills of an Effective Administrator", *Harvard Business Review*, Jan-Feb 1995.

King D. N., "The Contribution of Hospital Library Information Services to Clinical Care: A Study in Eight Hospitals", *Bulletin of Medical Library Association*, Vol. 75, No. 4, 1987.

Kyoo Yup Chung, "Hotel Management Curriculum Reform Based on Required Competencies of Hotel Employees and Career Success in The Hotel Industry", *Tourism Management*, Vol. 21, No. 5, October 2000.

Lee C. K., Dimmock C., "Curriculum Leadership and Management in Secondary

Schools: A Hong Kong Case Study", *School Leadership & Management*, Vol. 19, No. 4, 1999.

Mansfield R. S., "Building Competency Models: Approaches for HR Professionals", *Human Resource Management*, Vol. 35, No. 1, 1996.

McClelland D. C., "Testing for Competence rather than for 'Intelligence'", *Journal of American Psychologist*, Vol. 28, No. 1, 1973.

McLagan P. A., "Competency Model", *Training & Development Journal*, Vol. 34, No. 12, 1980.

Mirabile R. J., "Everything You Wanted to Know about Competency Modeling", *Journal of Training and Development*, Vol. 51, 1997.

Olha Berladyn, "The Importance of British Teaching Experience (Late 20th Early 21st Century) for Modern Training of Ukrainian Primary School Teachers in Rural Areas", *Comparative Professional Pedagogy*, Vol. 7, No. 1, 2017.

Page C. & Wilson M., *Management Competencies in New Zealand: On the Inside Looking in*, Wellington: Ministry of Commerce, 1994.

Park C. H., Welch E. W., Sriraj P. S., "An Integrative Theory-driven Framework for Evaluating Travel Training Programs", *Evaluation and Program Planning*, Vol. 59, 2016.

Paul Sandwith, "A Hierarchy of Management Training Requirements: The Competency Domain Model", *Public Personnel Management*, Vol. 22, No. 1, March 1993.

Roisin P. Corcoran, "Principals on the Path to Excellence: Longitudinal; Multi-site Cluster-randomized Controlled Trials of the National Institute for School Leadership's Executive Development Program", *International Journal of Educational Research*, Vol. 79, 2016.

Sandberg, Jorgen, "Understanding Human Competence at Work: An Interpretative Approach", *Academy of Management Journal*, Vol. 43, No. 1, 2000.

Taylor, Frederick W., *Shop Management*, New York: Harper, 1911.

Yenming Zhang, Tzu-Bin Lin, Suan Fong Foo, "Servant Leadership: A Preferred Style of School Leadership in Singapore", *Chinese Management Studies*, Vol. 6, No. 2, 2012.

后　　记

在硕士毕业二十载、四十不惑之年，再次踏上求学之路！作为云南师范大学第一届教育学硕士毕业生，留校工作的二十年，忙碌于教育管理工作，个人专业发展几乎为零，甚是惭愧、羞于见人！于是，虽处于"摇摇欲坠"的年纪，工作、家庭祥和稳定，还是毅然决定报考博士研究生。初衷之一是变压力为动力，促使自己重拾专业，不断增强个人业务素质及能力；同时也想给上小学的儿子树立一个"活到老、学到老"的榜样，和他一起共同发展，争取同步毕业——儿子小学毕业之时我能博士毕业。所幸，我的母院，曾经培养我的云南师范大学教育科学与管理学院，现在的教育学部，"收留"了我，让我成为2019级教育领导与管理专业的一名博士研究生。至此，人生本、硕、博三个重要学习阶段都归功于您的培养，感恩、感谢云南师范大学教育学部！

教育学部向我敞开了求学的大门，首先要感谢的是我的导师——郑勤红教授，他是领我走进这个大门的师父及恩人！2002年，我有幸分配到学校教务处工作，郑老师当时任教务处副处长，我是郑老师分管的下属，我们成了一个战壕上的盟友，共同为学校迎接教育部第一次本科教学工作水平评估而奋斗！自此，我与郑老师结下了不解之缘。在教务处工作的五年时光及之后各自工作部门的业务联系里，一直都得益于郑老师的指导、帮助、关心及启发。他敬业的工作精神、智慧的管理艺术、严谨的治学态度，分析问题的一针见血、独到见解，天生具有的幽默、风趣……都是值得我学习和敬仰的地方，郑老师成为我工作之后第一个钦佩之人！四年的学习生涯，从论文的选题到完成，郑老师都始终给予我悉心指导和不懈的支持。在论文的写作过程中，大到论文写作方向、结构逻辑，小到一个标点符号、错字漏字，郑老师一遍遍不厌其烦地修改、备注。每次论文撰写遇到瓶颈期、一片混沌时，郑老师总能启迪思维、拓宽思路，所有的问题在郑老师那儿都能迎刃而解。郑老师不仅在学业上给我以精心指导，同时还在思想、生活上给我以无微不至的关怀，在2021年我人生至暗、低谷时期，郑老师的一席话重燃了我向前的动力、抚慰了我无以安放的灵魂！郑老师于我，亦师亦友，我是如此幸运，遇到了我人生中的贵人与高人——郑勤红老师，在此谨向我的导师致以诚挚的谢意！

家是支持我继续向前驶进的温馨港湾。首先应感谢父母的养育之恩，是他们赋予我生命及力量，能坚强成熟地走到现在。父亲于2015年离世，母亲于2021年离世，我痛苦于"树欲静而风不止，子欲养而亲不待"的遗憾，深深感受到"父母在，人生尚有来处；父母去，人生只剩归途"的凄凉。多么希望父母能见证我的博士求学之旅，能够陪我一同感受毕业之喜……父母始终是我人生的定海神针、心之所向！其次，特别感谢我的小家，感谢我的丈夫林卫东先生及儿子林熙竣同学，他们是我的坚强后盾，是默默支持我的幕后人，简称博士"后"。林卫东先生于我，亦夫亦友，除了生活上对我体贴入微的照顾，工作上、学习上也给予我不少的指导。忘不了无数个为论文数据统计而与他一起讨论的夜半三更，我愁得辗转反侧、难以入眠，是他给了我思路的启发，让深陷于思维固定模式的我豁然开朗。我的儿子林熙竣，是个特别温暖的小男生，有次周末在办公室写论文时出现低血糖，我眼花无力即将昏厥，是他骑着自行车急速飞奔而来给我送吃的，当然还有好多次周末的办公室送饭，心酸而感动……除此，还要感谢我的几个姐姐、姐夫、侄女等家人，虽然他们不懂我在读什么，专业是什么，他们也不善言辞，但我已从他们平常生活里对我们的嘘寒问暖感受到了家人的关心和真切的爱！

同事和朋友是助力我顺利完成学业的幸福双翼。论文的数据统计，得到了教育学部张月、李鹏老师的大力支持，没有两位老师的慷慨相助、耐心指导，就没有我近两年调研的所有数据；感谢省教科院方贵荣院长，云南财大江新会教授，昆明市第三十中学彭华军副校长，教育学部张晓霞、张向众、王艳玲、茅锐老师对我论文调研内容的指导；感谢学校万名校长培训计划项目办公室的所有老师，没有他们的鼎力相助，我论文中大样本、多阶段、多类调查对象的调研就无法顺利推进；感谢研究生院杨超老师、继教学院明文钦老师对我论文的真诚帮助和默默支持；感谢教育学部领导班子各位同仁，没有他们的包容、帮助，在工作上对我的支持和分担，我就不可能更好地处理工学矛盾而得以顺利完成博士论文；感谢教育学部杨柳玉、张磊、李思明、刘张、陈虹、王俊、余明明、李旭洲老师，他们在工作上的认真负责，让我省心、放心，得以投入更多的时间完成我的博士学业；感谢挚友侯阿冰、张媚玲、叶柳、高文惠、王峰、刘璐、王天玉，总是给予我生活上的鼓励、精神上的食粮；还要感谢因孩子结缘，多年不离不弃的"小三班"所有家庭成员，在艰难跋涉的求学路上给予了我无数的欢乐和能量。感恩我拥有了"贵人相助、高人指点、友人欣赏"人生之三大幸事，此生足矣！

感恩之情无以言表，唯有铭记于心。愿我们继续追光而遇、沐光而行！衷心祝愿我的老师、家人、同事、朋友们健康快乐、阖家幸福、万事顺遂！

再次感谢！就此搁笔。

浦丽娟

云南师大 2023 年 5 月 21 日